Le style en friche

L’art de retravailler ses textes

75 fiches illustrant des erreurs et des maladresses stylistiques

La réalisation de cet ouvrage a été rendue possible grâce à des subventions de la Société de développement des entreprises culturelles au Québec (SODEC), du Conseil des Arts du Canada et du Patrimoine canadien (PADIÉ).
Gouvernement du Québec – Programme de crédits d'impôt pour l'édition de livres – Gestion SODEC

Mise en pages : Raymond Martin
Maquette de la couverture : Raymond Martin
Illustration de la couverture : Natacha Sangalli

Distribution :

Canada
Dimedia
539, boul. Lebeau
Saint-Laurent (Québec)
H4N 1S2
Tél. : (514) 336-3941
Téléc. : (514) 331-3916
general@dimedia.qc.ca

Europe francophone
D.N.M. (Distribution du Nouveau Monde)
30, rue Gay Lussac
F-75005 Paris
France
Tél. : (01) 43 54 50 24
Téléc. : (01) 43 54 39 15
www.librairieduquebec.fr

Dépôt légal : BAnQ et B.N.C., 1er trimestre 2008
ISBN : 2-89031-630-0
Imprimé au Canada

Les éditions Triptyque
2200, rue Marie-Anne Est
Montréal H2H 1N1
Tél. : (514) 597-1666
Internet : www.generation.net/tripty
Courriel : triptyque@editiontriptyque.com

ANDRÉ MARQUIS

Le style en friche
L'art de retravailler ses textes

75 fiches illustrant des erreurs et
des maladresses stylistiques

Exemples, exercices et corrigé

Triptyque

Du même auteur

Croisière au fond du lac, roman jeunesse, Montréal, Triptyque, 1999, 94 p.

Un navire dans une bouteille, roman jeunesse, Montréal, Triptyque, 1998, 61 p.

Cahiers d'actualité, poésie, Montréal, Triptyque, 1997, 107 p.

À l'ère des dinosaures, poésie, Montréal, Triptyque, 1996, 76 p.

Émile Nelligan. Poésies en version originale, édition préparée par André Marquis (conception, introduction, tombeau de Nelligan, biographie et bibliographie), Montréal, Triptyque, 1995, 303 p.

Nul vieux château, poésie, Montréal, Les Herbes rouges, 1990, 102 p.

Le jeu sans fin, poésie, Montréal, XYZ Éditeur, 1985, 64 p.

Si l'herbe pour toujours, poésie, coll. « Phrases détachées », n° 4, Montréal, Soudeyns-Donzé Éditeurs, 1984, 59 p

En collaboration

L'atelier d'écriture en questions. Du désir d'écrire à l'élaboration du récit avec Hélène Guy et Camille Deslauriers, Québec, Éditions Nota bene, 2007, 203 p.

Le choc des écritures. Procédés, analyses et théories, sous la direction de Hélène Guy et André Marquis, Québec, Éditions Nota bene, 1999, 225 p.

Anthologie de la poésie des Cantons de l'Est au 20e siècle/Anthology of the 20th Century Poetry of the Eastern Townships, avec Richard Giguère et Philip Lanthier, Montréal, Triptyque/Véhicule Press, 1999, 247 p.

Remerciements

Un ouvrage à caractère normatif ne se fait pas sans l'aide et le soutien de nombreuses personnes. Je tiens d'abord à remercier Alain Vézina pour sa contribution technique et créative dans l'élaboration de la première version de ce manuscrit. Je désire également souligner l'apport essentiel de deux lecteurs intransigeants, Sylvie Côté et Jean Marquis. Je lève enfin mon chapeau à trois collègues de travail, Hélène Cajolet-Laganière, Hélène Guy et Michel Théoret, qui ont su éclairer ma lanterne à de nombreuses occasions. Je ne serai jamais assez reconnaissant envers les étudiantes et étudiants du Département des lettres et communications de l'Université de Sherbrooke, qui, par leur désir féroce d'améliorer la qualité de leur écriture, ont été à l'origine de ce projet.

à la mémoire de Gérald Vézina

INTRODUCTION

En avez-vous assez de vous faire dire que vous écrivez mal ? Que vous n'êtes pas en mesure d'aligner deux phrases correctement ? Que vos textes sont de véritables charabias ? Pourtant, lorsque vous demandez de l'aide, on ne sait pas trop quoi vous répondre. Les avis et les commentaires de votre entourage vous paraissent flous et subjectifs. Étudiants, rédacteurs de tout acabit et autodidactes qui cherchez à améliorer la qualité de vos écrits, ce livre vous est destiné. Nous avons tenu à y présenter, le plus simplement et le plus clairement possible, les multiples règles (connues, méconnues et parfois inconnues) qui régissent l'art d'écrire.

Que trouve-t-on dans ce guide ? Des fiches, des exemples et des exercices regroupés en cinq parties : les principes généraux de rédaction, les erreurs de vocabulaire, les erreurs dans la construction de la phrase, les principes de base de la ponctuation et différentes façons d'améliorer un texte. Chaque fiche décrit une règle précise, illustrée par des exemples types, et se termine par un exercice récapitulatif. Dans la section intitulée « Feriez-vous un bon réviseur ? », le lecteur pourra vérifier s'il a bien assimilé les notions antérieures. Les phrases à corriger proviennent, pour la plupart, de travaux d'étudiants universitaires (baccalauréat, maîtrise et doctorat), sauf quelques-unes qui ont été relevées dans la presse écrite.

La lecture de ce livre ne fera pas de vous un écrivain ni un rédacteur professionnel. Vous développerez cependant vos connaissances rédactionnelles, puisque vous serez apte à reconnaître les erreurs, à les identifier, puis à les corriger. Votre cheminement dépend évidemment de vos lacunes, du type de fautes que vous commettez, de vos propres objectifs et du temps que vous êtes prêt à investir. Ne soyez pas étonné si vous croisez quelques termes spécifiquement québécois (« colocataire », par exemple) en cours de lecture. Nous nous sommes permis l'usage de québécismes de bon aloi parce qu'ils reflètent notre identité culturelle et notre imaginaire.

Il est impossible de prévoir tous les cas problèmes et d'offrir des réponses toutes faites, transposables dans tous les contextes. Chaque individu, en fonction de son expérience et de sa culture, porte un jugement sur son texte, mais l'ultime juge demeure la personne à qui votre texte est destiné. En bout de course, c'est le lecteur (par surcroît s'il est professeur) qui décide si le texte respecte les exigences de la langue française. Le rédacteur ne peut pas se placer derrière chaque lecteur pour lui expliquer le sens de tel ou tel énoncé ni pour ajouter de vive voix des explications qu'il aurait dû mettre par écrit. Idéalement, la structure du texte suivra une logique argumentative implacable, les mots seront choisis avec justesse et les phrases couleront de source.

Les erreurs, les maladresses et les conseils stylistiques exposés dans cet abrégé ne portent que sur les rudiments fondamentaux de la rédaction. Les contextes d'écriture, les contraintes des travaux imposés, les barèmes de correction ou le public cible auquel vous vous adressez représentent des paramètres dont vous devrez aussi tenir compte. Vous êtes libre de consulter ce guide en adoptant votre propre parcours de lecture ou en respectant l'ordre proposé. Semez de bons grains si vous désirez récolter de beaux fruits !

1. Principes généraux de rédaction

« Celui qui sait écrire possède une supériorité incontestable sur celui qui en est incapable. Il est beaucoup plus libre. Il dispose, en tout cas, d'un outil pour s'exprimer, informer, faire valoir ses droits, traduire son imaginaire. »

Guide du savoir-écrire
Jean-Paul Simard

FICHE 1

Papier de soie

Les principales qualités d'un texte sont : 1) **la clarté** (être compris du destinataire ; texte comportant un début, un développement et une fin ; message univoque), 2) **la concision** (l'art d'employer le moins de mots possible pour exprimer le maximum de contenu), 3) **la correction** (grammaticale, orthographique et syntaxique), 4) **l'harmonie** (le rythme et les sonorités), 5) **la précision** (de la pensée, du vocabulaire) et 6) **la variété** (des mots, des structures syntaxiques, des types de phrases).

Le bon rédacteur veillera à respecter les principes suivants :

a) Choisir les mots justes, adaptés à son destinataire (parfois des mots simples et faciles, utilisés dans leur sens propre ; parfois des termes plus techniques ; parfois des mots employés au sens figuré). On privilégie normalement la formulation la plus courte à la plus longue (dire une chose en un mot plutôt qu'en quatre, par souci d'économie). *[Voir les fiches 4 à 15]*

b) Faire des phrases complètes et bien articulées. Le style télégraphique convient pour les télégrammes, les écrits utilitaires (indications de consignes, notes de cours, courrier électronique...) et la langue parlée. *[Voir les fiches 16 à 41]*

c) Varier la structure de ses phrases (par l'inversion, la mise en relief, etc.). Les phrases peuvent être déclaratives, interrogatives, exclamatives ou impératives. *[Voir les fiches 67 et 69]*

d) Conserver le même temps narratif tout au long de son texte (passé simple ou présent). *[Voir la fiche 38]*

e) Trouver un juste équilibre entre les phrases courtes et longues, simples et complexes, en fonction du but poursuivi (donc de son mandat et de son public cible). *[Voir la fiche 67]*

f) Ne pas aligner de manière désordonnée plusieurs compléments à la fin d'une même phrase. Il les disposera du plus court au plus long ou les répartira en contrepoids (au début et à la fin de la phrase, par exemple). *[Voir la fiche 31]*

g) Employer différents procédés de reformulation pour bien se faire comprendre : des définitions, des descriptions, des exemples, des explications, des images, etc. (les figures de style doivent cependant être utilisées avec parcimonie et justesse). Il faut apprendre à se relire avec les yeux de son destinataire. *[Voir les fiches 70 et 71]*
h) Être concret. *[Voir la fiche 72]*
i) Ne laisser aucune faute d'orthographe ni de grammaire dans son texte.

Rappelez-vous : la simplicité a souvent bien meilleur goût !
Tout rédacteur doit être vigilant, patient et créatif !

FICHE 2

Papier d'émeri

Le bon rédacteur évitera les maladresses suivantes :

a) L'abus des verbes **avoir**, **devenir**, **dire**, **être**, **faire**, **mettre**, **permettre, se développer, se trouver**, **voir** et des termes imprécis comme **ça**, **ceci**, **cela**, **chose**, **gens**, **hommes**, **personnes**; bref, les expressions passe-partout et les termes incolores. *[Voir les fiches 51 et 59]*

b) Les répétitions **lexicales** (mots semblables, mots de la même famille, synonymes), **sonores** (notamment la cacophonie) et **syntaxiques** (mêmes structures de phrases). *[Voir les fiches 55, 56 et 67]*

c) L'utilisation de deux verbes quand un seul fait l'affaire. *[Voir la fiche 52]*

d) L'abus des tournures démonstratives ou impersonnelles et l'usage du pronom caméléon « on ». *[Voir les fiches 59 et 60]*

e) Les lourdeurs énonciatives, les commentaires et les précisions inutiles. *[Voir la fiche 53]*

f) Les clichés, les formules stéréotypées, les phrases toutes faites, les lieux communs, les expressions trop familières. *[Voir les fiches 13 et 14]*

g) L'accumulation, dans la même phrase, d'un surplus d'adjectifs, d'adverbes ou de compléments. *[Voir les fiches 30, 31 et 61]*

h) Les « belles » phrases creuses, le style fleuri, amphigourique ou précieux et l'exagération (les superlatifs [le meilleur, le plus grand] et les adjectifs hyperboliques [exceptionnel, sensationnel]). Bref, ne jetez pas de poudre aux yeux ! *[Voir les fiches 68 et 71]*

i) Les débuts de phrase comportant un pourcentage, un nombre en chiffres (par exemple, « 60 % de la population [...]» au lieu de « Quelque 60 % de la population [...]»).

j) L'accumulation désordonnée de plusieurs idées dans la même phrase ou la répétition indue de la même idée dans un paragraphe, une page, etc.

FICHE 3

Papier d'emballage

Avant de remettre son texte, le rédacteur aura pris soin d'en fignoler la présentation. Voici quelques rappels importants.

a) Donner un titre approprié à son texte ou à son travail (autre que « Texte 1 » ou « Travail 1 »...). Le titre doit refléter le contenu du texte (l'idée principale) et, sans pécher par excès d'originalité, être accrocheur.

b) Paginer son texte (dans le coin supérieur droit). On ne pagine ni la page de titre ni la première page d'un chapitre ou d'une section, même si ces pages « comptent ». Si le début de l'introduction constitue habituellement la première page, aucun chiffre n'y apparaît ; le chiffre 2 sera indiqué à la page suivante et ainsi de suite.

c) Souligner ou mettre en italique les titres de livres, de journaux ou de revues. Les titres de chapitres, d'articles, de poèmes sont généralement placés entre guillemets.

d) Agrafer ses feuilles.

Nous renvoyons le rédacteur au protocole de rédaction de son institution pour tout renseignement supplémentaire concernant les règles de présentation du travail écrit.

2. *Erreurs de vocabulaire*

« Des considérations d'ordre pragmatique, contextuel ou communicationnel font en sorte que ce qui peut être perçu comme une faute dans une situation précise peut s'avérer être la fine fleur de la prose en toute autre circonstance. »

Gérer son vocabulaire
Benoît Leblanc

FICHE 4

Les barbarismes

On distingue habituellement deux types de barbarismes : le barbarisme lexical et le barbarisme grammatical.

• Le barbarisme lexical

Chaque fois que le rédacteur emploie un mot qui n'existe pas dans le dictionnaire, un mot qui a été déformé ou forgé de toutes pièces (alors qu'un terme adéquat existe), il commet une faute grossière de langage.

Forme fautive: « Tout le monde n'a pas le sens de l'*équitabilité*. »
Forme correcte : « Tout le monde n'a pas le sens de l'équité. »

• Le barbarisme grammatical

Chaque fois que le rédacteur emploie une structure grammaticale qui n'existe pas, il commet également une faute grossière de langage. Ce type de barbarisme est particulièrement fréquent dans la conjugaison des verbes.

Forme fautive: « Je n'aime pas quand les gens *risent* de moi. »
Forme correcte : « Je n'aime pas quand les gens rient de moi. »

Le rédacteur devrait prendre l'habitude de consulter, en cas de doute, un dictionnaire et une grammaire.

Attention ! Voir les fiches 6 (anglicismes) et 8 (néologismes).

Exercice

Trouvez l'erreur, dites s'il s'agit d'un barbarisme lexical ou grammatical, puis corrigez-la.

1. Que réponderiez-vous si l'on vous accusait du meurtre de votre xiphophore ?
2. La langue française ne permet pas que l'on abrévie un mot en lui enlevant seulement une lettre.
3. Une main se posa avec brusquesse sur mon épaule.
4. Vitement convaincue de l'importance de ce rapport, la ministre s'est engagée à le lire dans les prochains jours.
5. Vous vous contredites lorsque vous affirmez que Justin est carriériste.

FICHE 5

Les paronymes impropres

Les paronymes, c'est-à-dire les mots qui, bien qu'ils ne soient pas homonymes, ont de fortes ressemblances sonores, engendrent parfois de curieuses erreurs. La paronymie impropre consiste donc à utiliser un mot qui existe (contrairement au barbarisme lexical), mais dans un sens qu'il n'a pas. Le rédacteur a été induit en erreur par la parenté sonore.

Forme fautive: « Le plus récent discours de ce politicien véreux nous montre à quel point ses idées ne sont pas *progressives*. »

Forme correcte : « Le plus récent discours de ce politicien véreux nous montre à quel point ses idées ne sont pas progressistes. »

[progressive = qui évolue, qui suit une progression ; progressiste = qui préconise le progrès social]

Attention ! Voir la fiche 9 sur la confusion homophonique.

Exercice

Trouvez les paronymes impropres dans les phrases suivantes, puis corrigez-les.

6. Le coq était jonché sur la clôture.
7. Son départ paraissait éminent.
8. Certains écologistes extrémistes affirment cyniquement que la terre est infectée d'êtres humains.
9. Le peuple s'est senti oppressé par ce tyran.
10. La morsure d'un serpent vénéneux peut parfois se révéler fatale.

FICHE 6

Les anglicismes

Des ouvrages entiers portent sur le phénomène des anglicismes et présentent des listes de mots, d'expressions ou de tournures de phrases à bannir de notre vocabulaire. Nous ne voulons pas ouvrir une boîte de Pandore ni multiplier les explications pendant plusieurs pages. À l'écrit, la présence de véritables mots anglais (*fun*, *break*, etc.) est moins répandue qu'on ne le croit. Plus fréquentes sont la traduction littérale d'expressions anglaises (au détriment de la bonne expression française) et l'attribution erronée d'un sens anglais à un terme « équivalent » en français. La confusion provient d'une trop grande promiscuité entre les deux langues.

Formes fautives: « Pourquoi désirez-vous *mettre l'emphase* sur cette mauvaise nouvelle ? »
« Voici le *pamphlet* qui fait la promotion de cette colonie de vacances. »

Formes correctes : « Pourquoi désirez-vous mettre l'accent sur cette mauvaise nouvelle ? »
« Voici le dépliant qui fait la promotion de cette colonie de vacances. »

Attention ! Voir les fiches 4 (barbarismes) et 8 (néologismes).

Exercice

Trouvez les anglicismes dans les phrases suivantes, puis corrigez-les.

11. Viens me rejoindre au centre d'achats !
12. Depuis quand cet homme d'affaires siège-t-il sur ce comité ?
13. Cet avocat malhonnête a initié un mouvement de contestation sociale irréversible.
14. Vous trouverez ci-joint la littérature présentant notre nouveau système de climatisation.
15. Il ne faut rien prendre pour acquis.

FICHE 7

Les pléonasmes pervertis

Le pléonasme, ou la répétition de mots de même sens, est une figure de style utile (pléonasme d'insistance) lorsqu'elle est employée à bon escient, c'est-à-dire avec une intention argumentative pertinente (« Je l'ai vu de mes propres yeux. »). Cela ne se produit que très rarement. La plupart du temps, le pléonasme doit être supprimé, car il n'ajoute qu'une redondance maladroite au contenu de l'énoncé (pléonasme vicieux ou perverti).

Forme fautive: « Nous *simulerons une fausse* conférence de presse. »
Forme correcte : « Nous simulerons une conférence de presse. »

Attention ! Voir les fiches 23 (dont), 25 (surdétermination), 26 (négation) et 49 (virgule).

Exercice

Trouvez les pléonasmes dans les phrases suivantes, puis corrigez-les.

16. Ne t'en fais pas, nous avons tout prévu à l'avance.
17. Cette personne a été forcée, malgré elle, d'intervenir.
18. Les terrains de golf ne sont pas encore secs, car en effet il a beaucoup plu ces derniers temps.
19. Tous les critiques sont unanimes à reconnaître la virtuosité de cette jeune actrice.
20. Il faut redécouvrir à nouveau ce coin de pays.

FICHE 8

Les néologismes douteux

La création de mots ou l'attribution d'un sens nouveau à un mot déjà existant (le néologisme) est essentielle à l'évolution de toute langue. Ce n'est pas une erreur en soi ! Puisque la langue évolue au même rythme que la société, les mots doivent pouvoir désigner les réalités modernes qui nous entourent. Cette créativité se manifeste surtout dans les domaines technique, scientifique et publicitaire. Le monde informatique, notamment, est friand de néologismes : courriel, logiciel, pourriel, souris...
Il est plutôt exceptionnel que le commun des mortels ait à créer des néologismes (il y a d'ailleurs, à cet égard, des règles précises à suivre). L'invention de mots sous la plume du rédacteur en herbe témoigne de son désir irrépressible d'originalité (et parfois de son ignorance du mot approprié). Par surcroît, il court le risque d'être incompris. Contrairement aux barbarismes, entre autres, le rédacteur commet cette faute, la plupart du temps, de façon délibérée.

Forme fautive: « Vos enfants *foxent*-ils l'école ? »
Forme correcte : « Vos enfants font-ils l'école buissonnière ? »

Laissons aux humoristes, aux publicitaires, aux écrivains chevronnés et aux spécialistes le privilège de proposer de nouveaux mots ! Malgré tout, si un rédacteur tient mordicus à utiliser un néologisme, il prendra soin de le mettre entre guillemets.

Attention ! Voir les fiches 4 (barbarismes) et 6 (anglicismes).

Exercice

Trouvez les néologismes dans les phrases suivantes et remplacez-les par les termes adéquats.

21. Cette femme fit, avec une ferveur presque religieuse, ses exercices yogiques.
22. Tout bon rédacteur tentera d'éviter la subordinite.
23. Tu trouveras la table de tes rêves dans une bamboutique.
24. Ce philosophe aborde des questions très songées.
25. Pour développer sa lexiculture ou, si vous préférez, pour enrichir ses compétences vocabulairiques, cet étudiant a lu de nombreux ouvrages savants.

FICHE 9

La confusion homophonique

Ce type d'erreur repose en grande partie sur la distraction du rédacteur ou sa méconnaissance de la langue française. La confusion provient du fait que certains mots ou groupes de mots se prononcent exactement de la même façon (ce qui n'est pas le cas des paronymes). Lors de la relecture de son texte, le rédacteur constate la bonne orthographe du mot, sans se rendre compte que, en contexte, ce mot n'est pas adéquat. Que tous ceux qui ont appris à écrire au son se munissent de bonnes lunettes !

Forme fautive: « En promenade, lorsque je rencontre une personne, je *l'a* salue, puis je poursuis ma route. »

Forme correcte : « En promenade, lorsque je rencontre une personne, je la salue, puis je poursuis ma route. »

Attention ! Voir la fiche 5 sur les paronymes impropres.

Exercice

Remplacez, dans les phrases suivantes, les termes incorrects par les termes appropriés.

26. Il ne sait jamais demandé pourquoi la Terre tourne autour du Soleil.
27. Parce que tu affirmes, j'en déduis que tu nais pas coupable.
28. Les pantoufles de verre sont particulièrement chaudes.
29. Que tu bâilles aux corneilles n'eut pas l'heure de plaire au professeur.
30. Puisque nous ne sommes pas près pour notre exposé, j'aurais préféré que tu te présentes plutôt ; nous aurions ainsi pu travailler d'avantage.

FICHE 10

L'incongruité synonymique

On se méfiera grandement de la synonymie, puisque deux termes ne sont jamais totalement synonymes, soit qu'une nuance sémantique les distingue, soit que les deux mots n'appartiennent pas au même niveau de langue. Désireux d'éviter les répétitions, le rédacteur ne doit pas tomber bêtement dans le piège de la synonymie incongrue, du mot qui n'exprime pas exactement sa pensée. Certains traducteurs, entre autres, réussissent bien involontairement de véritables chefs-d'œuvre humoristiques. Voici ce que l'on pouvait lire, il y a quelques années, sur un contenant de jus.

Forme fautive: « Versez et *jouissez*. »
Forme correcte : « Versez et savourez. »

Attention ! Voir les fiches 12 (expressions « défigées ») et 51 (termes incolores).

Exercice

Choisissez parmi les mots offerts celui qui complète le mieux la phrase.

31. Ce que vous nous racontez depuis deux heures à propos de vos étranges voisins (attester / confirmer / sanctionner) nos soupçons.
32. Le mot (canapé / divan / sofa) désigne un long siège à dossier et à accoudoirs où peuvent s'asseoir plusieurs personnes et où une seule peut s'étendre.
33. Celui qui sur mer attaque et pille les vaisseaux marchands avec l'autorisation de son gouvernement est un (corsaire / flibustier / requin).
34. Une personne devenue faible par une insuffisance de sang en quantité et en qualité sera qualifiée de (anémique / asthénique / lymphatique).
35. Un objet qui ne laisse passer qu'une lumière diffuse est (limpide / translucide / transparent).

FICHE 11

Les sèmes inexacts

Nous réservons l'étiquette de « sème inexact » au mot qui n'est pas employé « totalement » à tort, mais dont une partie seulement (une unité discrétionnaire de sens, un sème, disent les linguistes) interdit son emploi dans le contexte proposé. Un présupposé véhiculé par le mot n'est pas respecté, une contrainte argumentative ne convient pas. Ce type d'erreur ne découle pas d'une confusion sonore, ni d'une filiation synonymique, ni d'une faute de traduction.
Examinons le cas de « grâce à » et « à cause de ». Ces deux locutions ne véhiculent pas les mêmes présupposés. « À cause de » implique l'idée d'un résultat malheureux (sens négatif), tandis que « grâce à » implique l'idée d'un résultat heureux (sens positif) (à moins qu'on ironise !).

Formes fautives:	*« J'ai obtenu ce poste à cause de ma vaste expérience. »*
	« J'ai raté la cible grâce à ma nervosité. »
Formes correctes :	« J'ai obtenu ce poste grâce à ma vaste expérience. »
	« J'ai raté la cible à cause de ma nervosité. »

À nouveau, la prudence se révélera la meilleure conseillère, et le rédacteur jettera, aussi souvent qu'il le faudra, un coup d'œil au dictionnaire. Certains adverbes notamment peuvent lui jouer de bien mauvais tours !

Exercice

Corrigez les phrases suivantes.

36. Est-ce que l'on retrouve ces mots dans le dictionnaire ?
37. Ce jeune chanteur populaire vient de lancer son dernier disque.
38. Ce hockeyeur a tellement de talent qu'il risque d'être repêché par une équipe de la Ligue nationale.
39. J'ai amené ma raquette de tennis, au cas où nous aurions le temps d'aller frapper quelques balles.
40. Tout va bien pour moi ces temps-ci. Je suis excessivement heureux.

432-8211

FICHE 12

Les expressions « défigées »

Nous faisons une fiche particulière pour les erreurs se rapportant aux expressions figées. Cette fois-ci, le rédacteur s'est fourvoyé non pas sur le sens d'un mot mais sur celui de plusieurs. Comme c'est la locution figée qui reçoit un sens spécifique, il n'y a pas moyen d'écrire autre chose. Le rédacteur qui désire exprimer sa créativité peut substituer à l'expression figée une formulation de son cru, mais, à moins d'être un grand virtuose ou de rechercher un effet ludique, il ne détournera pas les locutions toutes faites et, surtout, il évitera de réunir des termes qui appartiennent à deux expressions différentes.

Forme fautive: « Je tenterai de *tirer produit de* cette erreur. »
Forme correcte : « Je tenterai de tirer profit de cette erreur. »

Attention ! Voir les fiches 10 (incongruité synonymique) et 13 (clichés).

Exercice

Trouvez les expressions « défigées » dans les phrases suivantes, puis corrigez-les.

41. N'achetez pas de garantie prolongée, c'est de l'argent brûlé par les fenêtres !
42. Je l'ai interrogé et lui ai sorti les vers du nez.
43. J'ai fait tous les efforts possibles et inimaginables pour régler mon problème de poids, mais cela n'a rien donné.
44. La dame pleurait à grosses larmes sans pouvoir s'arrêter.
45. Cet entraîneur n'y va pas avec le dos de la main morte pour motiver ses joueurs !

FICHE 13

Les clichés en noir et blanc

Qu'est-ce qu'un cliché ? C'est le premier mot qui vient à l'esprit, c'est l'expression que la plupart des gens utiliseront dans un contexte donné. Les clichés peuvent être pertinents et de bon ton. Le rédacteur peut même parvenir à leur donner une coloration parodique ou ironique. On ne peut cependant farcir tout un texte de ces expressions passe-partout qui finissent par ne rien dire tellement elles sont apprêtées à toutes les sauces. Le recours aux clichés peut être un signe d'incompétence du rédacteur et de non-respect envers le lecteur. Le plus curieux, c'est que le rédacteur a alors parfois l'impression d'en mettre plein la vue et de « faire du style ». Dans le travail de réécriture, la chasse aux clichés, aux expressions toutes faites, aux lieux communs peut rapporter des fruits. Un soupçon d'originalité et votre plat sera apprécié de tous !

Forme maladroite: « L'hiver et son *inévitable manteau blanc frappent à nos portes*. »
Forme correcte : « Bientôt, le froid, la poudrerie et la neige glaceront à nouveau nos paysages familiers. »

Attention ! Voir la fiche 12 (expressions « défigées »).

Exercice

Trouvez les clichés dans les phrases suivantes et proposez de nouvelles formulations.

46. Lors du dernier match de la finale, les joueurs ont donné 110 % d'eux-mêmes.
47. Je rêve de marcher sur une plage de sable blond lorsque l'astre du jour brille dans un ciel bleu azur !

48. Je n'ai jamais compris pourquoi le roi des animaux passe tout son temps à dormir.
49. La victime de ce crime crapuleux gisait dans une mare de sang.
50. Les négociations avec les membres du syndicat viennent de franchir un pas important : la partie patronale consent à augmenter leurs salaires de façon significative.

FICHE 14

Les écarts de niveaux de langue

Il arrive trop souvent que, dans un texte, on passe sans justification aucune d'un niveau de langue à un autre, avec parfois des écarts considérables. On n'écrit pas comme on parle, sauf peut-être dans certains dialogues pour bien typer un ou des personnages.

Voici la typologie usuelle des niveaux de langue :

archaïque (vieilli) = mot de l'ancienne langue peu employé de nos jours sauf par effet de style [par exemple, « occire » pour « tuer »];

littéraire (soutenu) = mot employé surtout dans la langue écrite élégante [par exemple, « thuriféraire » pour « flatteur »];

standard = mot d'usage courant soigné, français commun général, niveau de langue neutre qui sert de point de référence à cette typologie ;

familier = mot de langue quotidienne utilisé entre amis (sans référence à l'appartenance sociale) [par exemple, « fric » pour « argent »];

populaire = mot courant dans la langue parlée des milieux populaires (défavorisés ou moins scolarisés) (argot, joual) [par exemple, « beau bazou » pour « belle voiture »];

vulgaire (trivial) = mot choquant, le plus souvent lié à la religion, à la sexualité ou à la violence [par exemple, « trou du cul » pour « anus »].

La plupart des dictionnaires indiquent à quel niveau de langue appartiennent les mots. Le rédacteur doit être attentif à ces différentes marques d'usage.

Exercice

Corrigez les écarts par rapport au français commun général dans les phrases suivantes.

51. J'ai reçu une taloche en plein visage.
52. Elle a alors ouï un air alangui.
53. Le jeune homme qui travaille à l'épicerie nous fait chier.
54. Cette femme posa un geste salvateur.
55. Chez eux, le réfrigérateur est toujours rempli de boustifaille.

FICHE 15

Les circonlocutions

Les circonlocutions sont des périphrases, des détours employés par le rédacteur pour dire en plusieurs mots ce qui se résume plus élégamment en un seul (que ce soit un verbe, un nom, un adjectif, un adverbe). Plus souvent qu'autrement, c'est la richesse lexicale du rédacteur qui est ici prise en défaut. La circonlocution peut avoir son utilité pour éviter une répétition ou pour engendrer un parallélisme sonore, mais elle doit être manipulée avec soin.

Forme maladroite: « Cette actrice semble *avoir une opinion un peu trop avantageuse d'elle-même*. »
Forme correcte : « Cette actrice semble présomptueuse. »

Les sociétés préoccupées de rectitude politique développent de nombreuses circonlocutions pour ne pas nommer les choses par leur nom.

Attention ! Voir les fiches 51 (termes incolores) et 63 à 65 (supprimer les subordonnées).

Exercice

Remplacez les circonlocutions dans les phrases suivantes par des termes plus courts.

56. Le spécialiste des oiseaux donna, hier soir, une conférence des plus appréciées.
57. Les plats que nous prépare cette cuisinière se révèlent toujours d'une rare et agréable délicatesse.
58. Les personnes dont les cordes vocales sont dans l'impossibilité d'émettre quelque vibration que ce soit communiquent avec autrui grâce au langage des signes.
59. Cette voiture augmente sa vitesse de façon fulgurante.
60. Cette personne au caractère têtu ne se laisse pas fléchir par nos arguments.

3. *Erreurs dans la construction de la phrase*

« À compétence technique égale, une employée ou un employé réussira mieux et rendra de meilleurs services à son entreprise ou organisme s'il sait assurer de bonnes communications écrites avec ses collègues de travail, son personnel de cadre et ses clients et clientes. »

Rédaction technique, administrative et scientifique
Hélène Cajolet-Laganière et Pierre Collinge

FICHE 16

Les phrases incomplètes

Nous ne traitons pas dans cette fiche des mots-phrases ni des phrases volontairement elliptiques. Nous nous intéressons aux phrases dans lesquelles manque un élément essentiel ou, au contraire, aux phrases qui contiennent un surplus de mots (nous considérons ces phrases comme incomplètes, puisque les mots superflus ne peuvent être rattachés, logiquement ou grammaticalement, aux autres composantes de la phrase). C'est le cas des phrases dont le sujet, suivi d'une cascade de subordonnées, ne fait l'action d'aucun verbe. On ne peut laisser ainsi les phrases « en l'air ».

Forme fautive: « *Ce politicien, que* plusieurs pots-de-vin avaient corrompu *et qui* semblait collectionner les scandales comme d'autres, les papillons. »

Forme correcte : « Ce politicien, que plusieurs pots-de-vin avaient corrompu et qui semblait collectionner les scandales comme d'autres, les papillons, a remis sa démission hier. »

Une mode actuelle, et fort fâcheuse, consiste à découper en plusieurs phrases averbiales une phrase normalement constituée. Un simple effort de ponctuation permettrait au rédacteur de se conformer aux normes syntaxiques.

Forme fautive: « Sa bouche. Elle s'ouvre. Continuellement. Comme l'expression d'un grand cri. »

Forme correcte : « Sa bouche s'ouvre continuellement, comme l'expression d'un grand cri. »

Attention ! Voir la fiche 35 sur les fausses propositions.

Exercice

Corrigez les phrases suivantes.

61. Ma voiture qui, après avoir franchi plus de trois cent mille kilomètres, rendra l'âme bientôt.
62. Je ne me laisserai pas attendrir par les pseudo-prophètes. Ni par les charlatans des sectes religieuses.
63. Depuis l'assassinat de ses parents, cet enfant n'a pas prononcé un seul mot. Souhaitons qu'il retrouve avant qu'il ne soit trop tard.
64. Le premier ministre, soucieux de son image publique et préoccupé par les sondages qui pullulent sur son bureau, il engagea un spécialiste des relations publiques.
65. Quand Ernest, après avoir saisi la gravité de la situation, paniqua, tenta de rebrousser chemin.

FICHE 17

De l'usage de l'article défini

L'article défini s'emploie devant le nom qui désigne un être (ou une chose) connu du locuteur et de l'interlocuteur. Le rédacteur utilise l'article défini lorsqu'il présume que le lecteur est capable de réidentifier l'entité à laquelle il réfère. Tout comme pour l'usage des démonstratifs, le terme doit avoir une référence antérieure dans le texte (fonction anaphorique) ou être présenté pour la première fois de façon claire et précise. Cela ne pose aucun problème lorsque le rédacteur réfère à des notions universelles, partagées par l'ensemble des lecteurs (par exemple la mer, le ciel, les passions). Le problème survient lorsque, dans un texte, un élément dont on n'a jamais entendu parler est présenté comme étant connu de tous. Par exemple, « Joseph lut *la* lettre » n'est pas acceptable ; il faut absolument préciser de quelle lettre il s'agit : « Joseph lut la lettre que son éditeur lui avait envoyée la veille *[une lettre spécifique]*. » On pourrait aussi employer un déterminant indéfini, mais le sens de la phrase changerait du tout au tout : « Joseph lut une lettre *[n'importe quelle lettre]*. »

Exercice

Corrigez les phrases suivantes.

66. J'effectuerai ma recherche en me basant sur la grille d'analyse.
67. Tôt ou tard, le soleil fera des ravages dans le camp de nudistes.
68. Comment est-ce possible que le détournement de fonds ne fasse pas la une de tous les journaux du Québec ?
69. La passion avec laquelle cette femme me parle m'indispose. Je le lui dirai le jour.
70. Une rumeur du déménagement de l'usine a été démentie ce matin par la présidente de la compagnie Bla Bla.

FICHE 18

Les prépositions

Règles

a) Le rédacteur doit employer les bonnes prépositions avec les bons mots (adjectifs, adverbes, verbes). En cas de doute, il vérifiera dans le dictionnaire si le verbe utilisé est transitif (direct ou indirect) ou intransitif, si l'adjectif et l'adverbe sont suivis ou non d'une préposition.

Forme fautive:	« Cette chemise est *similaire* à celle-ci. »
Formes correctes :	« Cette chemise est semblable à celle-ci. » OU « Ces deux chemises sont similaires. »
Forme fautive:	«*Comparativement avec les* chapeaux de la reine, ceux de la gouverneure générale paraissent beaucoup plus élégants. »
Forme correcte :	« Comparativement aux chapeaux de la reine, ceux de la gouverneure générale paraissent beaucoup plus élégants. »
Forme fautive:	« Il a *échoué son* examen de français. »
Forme correcte :	« Il a échoué à son examen de français. »

Attention aux prépositions cachées dans les pronoms « lui » (« à le »), « en » (« de cela ») et « y » (« à cela »)!

Forme fautive:	« Nous analyserons ce roman *en y faisant ressortir* les principaux éléments narratifs. »
Forme correcte :	« Nous analyserons ce roman en en faisant ressortir les principaux éléments narratifs. »

b) On doit répéter les prépositions « à », « de » et « en » devant chaque terme coordonné, sauf dans le cas d'une longue énumération. Les autres prépositions peuvent ou non se répéter.

Forme fautive: « Il avait goûté des vins provenant *de France, Italie et Chili*. »
Forme correcte : « Il avait goûté des vins provenant de France, d'Italie et du Chili. »

Dans le cas des locutions prépositives terminées par « à » ou « de », il est de mise de ne répéter que le dernier élément.

Forme maladroite: « En raison de ses compétences et *en raison* de sa forte personnalité, cette femme a été nommée ministre. »
Forme correcte : « En raison de ses compétences et de sa forte personnalité, cette femme a été nommée ministre. »

c) Devant « chaque » et « tout » indiquant une périodicité, on n'utilise pas de préposition.

Forme fautive: « *À chaque* jour, il faisait une longue promenade. »
Forme correcte : « Chaque jour, il faisait une longue promenade. »

Attention ! Voir les fiches 33 (zeugme) et 58 (suppression des prépositions).

Exercice

Dites si les phrases suivantes sont correctes ou non, et corrigez-les le cas échéant.

71. Tu me l'as dit hier ? Je ne m'en rappelle pas.
72. Il faut pallier aux problèmes les plus urgents.
73. Ces concepts théoriques sont peu accessibles pour les profanes.
74. Il est parti ; tous s'en attendaient.
75. Cet artiste peindra les émotions que ce paysage l'inspire.

FICHE 19

Les prépositions postposées

À l'oral, il arrive parfois que l'on place la préposition après le verbe qu'elle devrait introduire. Dans un texte, il est indispensable de la mettre au bon endroit.

Forme fautive: « La petite fille *que je joue avec* est ma meilleure amie. »
Forme correcte : « La petite fille avec qui je joue est ma meilleure amie. »

Attention ! Voir les fiches 21 (pronoms relatifs) et 23 (dont).

Exercice

Dites si les phrases suivantes sont correctes ou non, et corrigez-les le cas échéant.

76. Cette soirée, que je m'étais bien habillé pour, fut mémorable.
77. Le pont que nous nous dirigions vers s'est subitement écroulé.
78. Le trou que j'étais tombé dedans faisait plus d'un mètre de profondeur.
79. Ce vendeur, que je ne fais pas confiance à, ne me fera signer aucun papier.
80. Mon ourson en peluche, que je ne pourrais pas dormir sans, a le même âge que moi.

FICHE 20

Les pronoms et leur référent

Les pronóms sont des mots qui remplacent des noms (communs ou propres) de sens précis, employés précédemment dans la phrase ou les phrases antérieures et facilement repérables en contexte. Ils servent à éviter les répétitions et à alléger le texte. Habituellement, dans un récit, la première fois que l'on présente un personnage, on le désigne par son nom, sa fonction ou un terme générique quelconque (rarement par un pronom).

Règles

a) À l'intérieur d'une même phrase ou d'un même paragraphe (à moins d'un indice clair), la même personne doit être remplacée par le même pronom personnel (il / on / se ; ils / eux / leur ; nous / nous, etc.).

Forme fautive: « Il faut *se* rendre à l'évidence, *nous* ne sommes pas faits pour vivre sous l'eau. »
Forme correcte : « Il faut nous rendre à l'évidence, nous ne sommes pas faits pour vivre sous l'eau. »

b) Le pronom personnel de la troisième personne ne peut représenter un nom dépourvu de déterminant.

Forme fautive: « Vous trouverez ci-joint *copie du document ; elle* devra être signée et retournée le jour même. »
Forme correcte : « Vous trouverez ci-joint une copie du document ; elle devra être signée et retournée le jour même. »

c) Un pronom personnel de troisième personne ne peut désigner, dans la même phrase, deux personnes de même genre. En cas d'ambiguïté, une règle stipule que le pronom renvoie au sujet de la proposition précédente.

Forme fautive: « *Yvonne* a été rudoyée par *une inconnue* et *elle* s'est excusée. »
Forme correcte : « Yvonne a été rudoyée par une inconnue, qui s'est excusée. »

d) Il est possible d'utiliser dans la même phrase deux pronoms de troisième personne de genres différents. Le pronom peut renvoyer à un objet ou à un individu d'une phrase précédente, mais le référent ne doit pas être trop éloigné. On peut, au besoin, répéter le nom ou le remplacer par un synonyme. On prendra garde à ne pas créer de confusion référentielle.

Forme fautive: « *L'homme* qui menace Mariane échappe son arme. Mariane tente de récupérer *le revolver*, mais *il* est plus rapide qu'elle. »
Forme correcte : « L'homme qui menace Mariane échappe son arme. Mariane tente de récupérer le revolver, mais le voleur est plus rapide qu'elle. »

e) Le pronom personnel ne peut jamais renvoyer au complément d'un nom en position sujet, si ce nom et son complément sont de même genre et de même nombre.

Forme fautive: « Située au bout du couloir, *la chambre de Cybile* n'offrait aucune autre issue et *elle* se demandait comment fuir sans être aperçue. »
Forme correcte : « Située au bout du couloir, la chambre de Cybile n'offrait aucune autre issue, et l'héroïne se demandait comment fuir sans être aperçue. »

Attention ! Voir la fiche 34 sur les équivoques.

Exercice

Dites si les phrases suivantes sont correctes ou non, et corrigez-les le cas échéant.

81. On ignore encore les motifs de ce crime, par contre, nous savons que la victime connaissait son agresseur.
82. Le Sauveur est apparu devant croyants et religieux ; ils se sont agenouillés sur-le-champ.
83. Éléonore et Grégoire cherchent constamment à se couper l'herbe sous le pied. Grégoire aurait bien voulu acheter l'armoire en chêne, exposée dans la vitrine du magasin d'antiquités, mais elle a fait une offre avant lui.
84. La voiture de Julie émet un drôle de sifflement et elle s'inquiète de ce tapage inhabituel.
85. Alain s'est fait couper par un chauffard et il n'avait même pas mis son clignotant.

FICHE 21

Les pronoms relatifs et leur régime

Le choix du pronom relatif est étroitement lié au verbe (qui exige ou non une préposition spécifique) et au type de relation que l'on veut établir. On utilise le terme « régime » pour exprimer ce rapport de dépendance du pronom à un autre mot de la phrase.
Deux erreurs fréquentes surviennent : on emploie le mauvais pronom relatif ou on utilise le bon pronom mais à la mauvaise forme (c'est-à-dire avec la mauvaise préposition). Il faut à tout prix respecter la relation entre le verbe et son complément. Pour y parvenir, il suffit de poser la question appropriée avant ou après le verbe et de recourir au pronom correspondant. Le tableau suivant illustre les principales difficultés.

Tableau I
De l'usage des pronoms relatifs

Questions à poser	Pronom à utiliser	Exemple
Qui est-ce qui? Qu'est-ce qui?	Qui Lequel	La femme qui marchait sur le trottoir éternua. Fais réparer le pneu qui est à plat. Il avait un bon avocat, lequel l'a défendu avec brio.
Qui? Quoi?	Que, qu'	L'homme qu'elle croisa sur le trottoir éternua. J'ai trouvé la clé que tu avais perdue.

À quoi? Sans quoi? ...	Quoi	Voilà à quoi je réfléchis... Viens me chercher, sans quoi tu devras te passer de ma présence.
De qui? De quoi	Dont	L'homme dont tu te moquais éternua. Ce cambriolage, dont tu as été témoin, a fait la une des journaux.
Où? Quand?	Où	La ville où il séjournait regorgeait de gratte-ciel. À l'heure où le crime a été commis, le suspect n'était pas chez lui.
À, de qui? À, de quoi?	Variantes de lequel	La femme à laquelle (à qui) il manquait une dent éternua. Le tableau duquel tu te moquais s'est vendu dix millions dollars.

Forme fautive: « Voilà des questions *que* je ne peux pas répondre. »
Forme correcte : « Voilà des questions auxquelles je ne peux pas répondre. »

Attention ! Voir les fiches 22 (lequel), 23 (dont), 49 (virgule) et 63 (suppression des relatives).

Exercice

Dites si les phrases suivantes sont correctes ou non, et corrigez-les le cas échéant.

86. La maison que je te parle tombe déjà en ruine.
87. Retournez à la ville dont vous venez.
88. Qu'ai-je l'air ?
89. Les problèmes que font face les provinces sont énormes.
90. Tâchons de ne pas commettre l'erreur qu'il nous trahira.

FICHE 22

Lequel et ses variantes

Les pronoms relatifs « lequel, laquelle, lesquels, lesquelles, auquel, auxquels, auxquelles, duquel, desquels, desquelles » peuvent s'appliquer à des personnes ou à des choses. Comme ils alourdissent la phrase, on les utilise parcimonieusement.
En revanche, ils s'emploient à la place de « qui » précédé d'une préposition quand l'antécédent est un nom de chose (« Voici le projet auquel il travaille en secret depuis des mois. »). De nos jours, « qui » précédé d'une préposition ne peut représenter que des personnes ou des choses personnifiées (dont les animaux) (« Le président pour qui [lequel] tu travailles apprécie les voyages à l'étranger. », « Le chien à qui [auquel] je fais des remontrances urine partout. »).
Avec « entre » et « parmi », on doit employer « lequel » ou une de ses variantes (« Ces personnes, parmi lesquelles se trouvait le suspect, attendaient qu'on daigne les interroger. »).
« Lequel » ou une de ses variantes s'emploie aussi à la place de « qui » pour éviter une équivoque ou la répétition du pronom (« Les voleurs se réfugièrent dans le coffre-fort de la banque, lequel se verrouilla automatiquement derrière eux. »).
« Lequel » ne s'emploie pas après « et » (« Voici un homme heureux et qui n'a pas d'histoire. »).

Attention ! Voir les fiches 21 (pronoms relatifs), 23 (dont) et 63 (suppression des relatives).

Exercice

Corrigez les phrases suivantes.

91. Le directeur m'a parlé d'un nouveau procédé de fabrication autour de qui règne le plus grand mystère.
92. Je te le jure : j'ai vu un éléphant rose flotter dans les airs et lequel me regardait avec un grand sourire.
93. Les pompiers entrèrent dans le brasier et en ressortirent avec la fille du maire, qui n'avait pas encore repris conscience.
94. Le chanteur salua les adolescentes hystériques, parmi qui, il le savait, se cachait un travesti.
95. Ces prétendants, entre qui pourtant ton cœur balance, souffrent tous d'une étroitesse d'esprit remarquable.

FICHE 23

Dont

« Dont » est sans doute le pronom relatif le plus difficile à employer (correctement !). Il est généralement représentant d'un complément introduit par « de » (« La voiture dont il est propriétaire. » = « Il est propriétaire de la voiture. »). Il peut être complément du numéral (cardinal) ou d'un indéfini à valeur quantitative (« Je vous signale vos faiblesses dont trois / quelques-unes sont particulièrement récurrentes. »).
« Dont » ne peut se trouver dans la dépendance d'un complément prépositionnel.

Forme fautive :	« Ce jeune joueur, *dont* on ne peut douter *du* dynamisme, sera sans doute repêché par une équipe professionnelle. »
Formes correctes :	« Ce jeune joueur, du dynamisme duquel on ne peut douter, sera sans doute repêché par une équipe professionnelle. »
	OU
	« Ce jeune joueur, dont le dynamisme ne fait aucun doute, sera sans doute repêché par une équipe professionnelle. »

On ne doit pas non plus employer un déterminant possessif avec « dont », les deux ayant le même référent.

Forme fautive:	« Une tour *dont* vous n'avez aucune idée de *sa* hauteur. »
Forme correcte :	« Une tour dont vous n'avez aucune idée de la hauteur. »

La même raison nous interdit d'utiliser « dont » et « en » conjointement.

Forme fautive:	« J'ai suivi des cours de golf *dont* j'espère *en* tirer profit. »
Forme correcte :	« J'ai suivi des cours de golf dont j'espère tirer profit. »

Ces deux dernières erreurs constituent une variété de surdétermination.

Lorsque le pronom relatif est complément circonstanciel de lieu d'un verbe, on emploie « d'où » et non pas « dont ».

Forme fautive: « La plage *dont je reviens* est particulièrement polluée. »
Forme correcte : « La plage d'où je reviens est particulièrement polluée. »

Attention ! Voir les fiches 7 (pléonasmes), 18 (prépositions), 21 (pronoms relatifs), 25 (surdétermination) et 63 (suppression des relatives).

Exercice

Corrigez les phrases suivantes.

96. Existe-t-il un âne dont on ne puisse apprécier sa bêtise ?
97. La discothèque dont je sors est tellement bruyante que ses usagers portent des bouchons dans les oreilles.
98. Ce voisin, dont je me méfie de lui, me regarde toujours d'un air étrange.
99. Je te présenterai une jeune personne dont on ne peut se plaindre du dévouement.
100. J'ai acheté de nouveaux sous-vêtements dont j'en aurai besoin cet hiver.

La syllepse
(rupture dans l'accord grammatical)

La syllepse est une figure de style qui consiste à faire l'accord non pas selon les règles grammaticales (les termes de la phrase) mais selon le sens (l'idée). À moins de vouloir créer un effet bien particulier (ce qui présuppose un écart normatif intentionnel), le rédacteur évitera de recourir à la syllepse. Notons tout de même que certaines syllepses sont passées dans l'usage, l'accord du participe passé avec « on », par exemple (« On est allés / allées glisser ensemble. »).
Il existe deux types de syllepse : la syllepse de nombre (confusion entre le singulier et le pluriel ou vice versa) et la syllepse de genre (confusion entre le féminin et le masculin ou vice versa). Il arrive parfois qu'un cas puisse associer ces deux types.
Pour corriger cette erreur, le rédacteur peut soit faire l'accord selon les règles grammaticales, soit changer le terme à l'origine du problème.

- Syllepse de nombre

Forme fautive: « Juché sur la plus haute branche, je voyais *l'armée ennemie*. Je décidai alors de *les* espionner. »

Formes correctes : « Juché sur la plus haute branche, je voyais l'armée ennemie. Je décidai alors de l'espionner. »
OU
« Juché sur la plus haute branche, je voyais les soldats de l'armée ennemie. Je décidai alors de les espionner. »

• Syllepse de genre

Forme fautive: « Je doute que *cette étoile* du cinéma t'ait reçu chez *lui.* »
Formes correctes : « Je doute que cette étoile du cinéma t'ait reçu chez elle.
OU
« Je doute que ce grand acteur t'ait reçu chez lui. »

Exercice

Précisez de quel type sont les syllepses dans les phrases suivantes, puis corrigez-les.

101. Il a fallu huit matchs à l'équipe canadienne pour remporter leur première victoire.
102. Hélène vit alors quatre figures hideuses, fières de l'effet qu'ils produisaient.
103. La troupe de théâtre arriva avec une heure de retard et ils n'avaient aucune excuse valable.
104. La victime reposait sur le sol ; il n'était pas beau à voir.
105. Il se plaignit dix fois à l'Association québécoise du cuir chevelu, mais ceux-ci n'envoyèrent même pas d'accusés de réception.

La surdétermination

(redondance de compléments)

La surdétermination fait partie de la grande famille des pléonasmes. Elle consiste à déterminer à nouveau ce qui a déjà été introduit dans le texte. Or il est inutile de répéter un lien grammatical déjà établi. Pour corriger l'erreur, il suffit de supprimer un des éléments redondants. Les cas les plus fréquents surgissent avec « les verbes pronominaux + une partie du corps » et « les compléments circonstanciels de lieu + en / y ».

Forme fautive: « Il *se* ronge *ses* ongles. »
Formes correctes : « Il se ronge les ongles. » OU
« Il ronge ses ongles. »
Forme fautive: « *Dans ce pays*, ils s'*y* sont fait de nombreux amis. »
Forme correcte : « Dans ce pays, ils se sont fait de nombreux amis. »

Attention ! Voir les fiches 7 (pléonasmes) et 23 (dont).

Exercice

Dites si les phrases suivantes sont correctes ou non, et corrigez-les le cas échéant.

106. Dans le texte, on y fait mention d'une aventure abracadabrante.
107. Il nous a dit de regarder où nous posions nos pieds afin d'éviter les mauvaises surprises.
108. Les piqûres lui déchiraient sa chair.
109. Ce film, dont j'en ai fait la critique récemment, devrait remporter un oscar.
110. Voici la maison de campagne où il y passait tous ses étés.

FICHE 26

La négation

Le rédacteur veillera à ne pas multiplier les tournures négatives, ce qui alourdit le texte et en complique inutilement le décodage. Un simple changement de verbe permet souvent de faire l'économie des adverbes de négation.

Règles

a) Les négations comprennent en général deux éléments : « ne... pas », « ne... plus », etc. On doit employer « ne » sans « pas » quand la proposition contient un autre mot négatif (« jamais », « plus », « guère », « aucun », « personne », « rien »). Attention, « guère » peut être combiné à deux autres éléments négatifs pour apporter une nuance (« Il n'y a plus guère d'espoir de trouver un survivant. »). Afin de respecter le principe de base qu'une négation comporte deux éléments, le rédacteur devra, selon le cas, ajouter le deuxième élément manquant ou supprimer le troisième élément superflu.

Forme fautive: « Je *n*'ai *pas* vu *personne*. »
Formes correctes : « Je n'ai vu personne. »
OU
« Je n'ai pas vu la personne dont tu parles. »

b) Rappelez-vous : « ne... que » a le même sens que « seulement ». Pour éviter le pléonasme, on évitera d'employer ces deux négations dans la même phrase.

Forme fautive: « Je *n*'ai vu *seulement que* deux hirondelles. »
Formes correctes : « Je n'ai vu que deux hirondelles. »
OU
« J'ai vu seulement deux hirondelles. »

c) Une autre erreur courante consiste à oublier le « n' » après le « on » ou un mot finissant en « n » dans une tournure négative.

Formes fautives: « *On a jamais* vu cela. »
«*Rien est* arrivé. »

Formes correctes : « On n'a jamais vu cela. »
« Rien n'est arrivé. »

Afin de bien percevoir la négation dans le cas du pronom « on », nous vous suggérons de transposer oralement la phrase à la première personne du pluriel (« Nous n'avons jamais vu cela. »).

d) Lorsqu'on transforme une phrase affirmative en phrase négative, les articles (déterminants) indéfinis (« un », « une », « des ») ou partitifs (« de la », « du », « de l' ») accompagnant un objet direct ou un sujet « réel » sont remplacés par « de ».

Formes affirmatives : « Il boit de la bière. »
« Il y a un chien dans la rue. »

Formes négatives : « Il ne boit pas de bière. »
« Il n'y a pas de chien dans la rue. »

Attention ! Voir les fiches 7 (pléonasmes) et 27 (« ne » explétif).

Exercice

Dites si les phrases suivantes sont correctes ou non, et corrigez-les le cas échéant.

111. Rien n'est pas plus beau qu'un coucher de soleil en juillet.
112. En voulez pas à votre voisin s'il écrase votre chien.
113. Il n'y a seulement qu'une façon de le savoir.
114. On aime guère les pseudo-prophètes.
115. Il ne mange pas du poisson.

FICHE 27

Le « ne » explétif

Lorsqu'il est employé dans un contexte explétif ou expressif (sans aucun rôle grammatical), « ne » n'a pas de valeur négative. Il n'est donc pas suivi d'un second terme négatif. Il est possible – mais pas obligatoire – d'employer le « ne » explétif après « avant que », « à moins que », « de crainte que » et « de peur que » (« Partons avant qu'il ne vienne. », « Nous irons, à moins qu'il ne pleuve. »). Avec « sans que », il faut absolument que le verbe de la proposition principale soit négatif pour ajouter le « ne » explétif (« Il ne se passe pas un moment sans qu'une publicité impromptue ne nous saute au visage. »).
Après les verbes et locutions exprimant la crainte, le doute ou la négation, l'emploi de « ne » est facultatif (« Je crains qu'il [ne] soit déjà au courant. »). Cependant, un verbe de crainte est toujours suivi de « ne... pas » si l'on estime que le résultat négatif envisagé est très plausible (« Je crains qu'il ne soit pas prêt pour la compétition. »). Un verbe de crainte, de doute ou de négation n'est jamais suivi du « ne » explétif s'il est employé à la forme négative (« Je ne crains pas qu'il soit déjà au courant. »).

Attention ! Voir la fiche 26 sur la négation.

Exercice

Dites si les phrases suivantes sont correctes ou non, et corrigez-les le cas échéant.

116. Je n'ouvrirai pas la bouche avant que mon avocat ne m'y autorise.
117. Je ne doute pas que vous ne soyez impliqué dans ce scandale politique.
118. Il a tout essayé pour convaincre ses supérieurs sans qu'on ne lui donne raison.
119. Je crains que cet homme ne soit pas dans de mauvais draps.
120. J'ai bien peur que cet octogénaire ne survive à cette délicate opération.

FICHE 28

L'anacoluthe
(rupture syntaxique)

Cette faute contre le bon usage consiste à abandonner en cours de route une structure syntaxique au profit d'une autre.

• Les cas les plus fréquents

Lorsqu'un participe passé, un participe présent ou un verbe à l'infinitif n'a pas de sujet propre exprimé, le sujet sous-entendu doit être le même que le sujet du verbe de la proposition à laquelle il se rattache.
« Presque mourant, Jean fut conduit à l'hôpital par son père. »
Cette phrase est bien construite, car Jean, sujet de « fut conduit », est également celui qui est « mourant ». Ce qui n'est plus le cas si on écrit : «*Presque mourant, son père* conduisit Jean à l'hôpital. » Puisque le père, sujet du verbe « conduire », n'est pas celui qui est « mourant »!
Deux types de correction sont parfois possibles : soit ajouter le sujet manquant au participe passé, au participe présent ou au verbe à l'infinitif ; ou encore, faire correspondre le sujet du verbe conjugué au sujet non exprimé.

Forme fautive: « *En courant, son cœur* se mit à battre fort. »
Formes correctes : « En courant, Jean sentit son cœur battre fort. »
OU *[mais le résultat est un peu moins élégant]*
« Jean courant, son cœur se mit à battre fort. »

Forme fautive: «*Après avoir frôlé la mort, les journées de travail du premier ministre* ont été réduites à quelques heures. »
Forme correcte : « Après avoir frôlé la mort, le premier ministre a vu ses journées de travail être réduites à quelques heures. »

Attention ! Voir la fiche 29 sur l'apposition.

Exercice

Dites si les phrases suivantes sont correctes ou non, et corrigez-les le cas échéant.

121. En frôlant sa main, le désir me submergea.
122. La sobriété au volant est capitale pour éviter les accidents.
123. Arrivés au sommet de la montagne, la beauté du paysage nous subjugua.
124. Préoccupés par les questions écologiques, un nouvel organisme qui veille à la sauvegarde de l'environnement a été mis sur pied par ces jeunes.
125. Ma mère me passe son automobile pour visiter le Québec cet été.

FICHE 29

L'apposition

Les termes en apposition doivent être accolés au mot ou groupe de mots auquel ils se rapportent. Le non-respect de cette règle entraîne une erreur que l'on peut considérer comme une variété d'anacoluthe. Pour la clarté de l'expression, il est préférable que l'apposition, l'apposition détachée ou l'épithète détachée placée au début de la phrase (ou de la proposition) se rapporte au sujet de cette phrase (ou de cette proposition).

Forme fautive: «*Millionnaire depuis peu, ses rêves* sont devenus réalité.»
Forme correcte : « Millionnaire depuis peu, il a vu ses rêves devenir réalité. »

Attention ! Voir la fiche 28 sur l'anacoluthe.

Exercice

Corrigez les phrases suivantes :

126. Bruyante et poussiéreuse, j'ai retrouvé la ville.
127. Très naïf, le sens critique de cet homme fait défaut.
128. Sur la plage déserte, quelque peu assoupis, les dernières chaleurs de septembre nous réchauffent.
129. Attentif à son image publique, il ne faut jamais sortir sans s'être au préalable fait la barbe.
130. Chanteuse populaire internationale, ses succès font l'envie de toutes les adolescentes.

FICHE 30

De la place des adjectifs

L'accumulation des adjectifs dans un texte est l'un des fléaux les plus répandus. Après en avoir coupé un bon nombre, le rédacteur s'appliquera à insérer ceux qui restent aux bons endroits. Quelques règles fondamentales régissent la place des adjectifs par rapport aux noms auxquels ils se rapportent. Si ces principes ne sont pas tous d'une rigidité absolue, ils peuvent servir de guide.

a) Se placent après le nom :
   1) Les adjectifs qui apportent une précision liée à la couleur, à l'état ou à la localisation.
      « Derrière cette ferme grise, quelques mètres devant la végétation luxuriante, on sert des repas champêtres. »
   2) Les adjectifs qui déterminent l'appartenance religieuse, nationale, géographique, etc.
      « La faute incombe au gouvernement québécois. »
   3) Les adjectifs dérivés de participes passés ou présents.
      « Nous avions devant nous des voyageurs fatigués. »
   4) Les adjectifs plus longs ou de même longueur que le nom (à moins de vouloir mettre ces adjectifs en relief).
      « Cet homme a mené un combat énergique contre l'hypocrisie. »

b) Se placent avant le nom :
   1) Les adjectifs monosyllabiques.
      « Avez-vous vu ce bel homme ? »
   2) Les adjectifs plus courts que le nom.
      « J'ai aperçu d'étranges rhododendrons. »
   3) Les adjectifs se rapportant à un nom suivi d'un complément.
      « Je déteste les grosses saucisses de porc. »

c) Remarques

1) Certains adjectifs changent de sens selon qu'ils sont placés avant ou après le nom.
« Ne fais pas confiance à ce triste individu. » *[triste = de mauvaise réputation]*
« Ne fais pas confiance à cet individu triste. » *[triste = qui n'est pas joyeux]*

2) Un adjectif ordinairement antéposé peut se retrouver après le nom si l'adjectif est suivi d'un long groupe complément.
« C'est un exercice bon pour l'activité cardiovasculaire. »

3) Lorsque l'on décide d'accoler plusieurs adjectifs à un nom, on peut, en respectant les règles précédentes, en placer un avant et un après. On peut également coordonner les adjectifs en question avant ou après le nom.
« As-tu relevé le numéro d'immatriculation de la grosse voiture rouge ? »
« Noémie ? C'est une belle, grande et sympathique jeune fille ! »

Exercice

Corrigez les phrases suivantes.

131. C'est un italien dramaturge qui a remporté cette année le prix Nobel de littérature.
132. Les urbaines exigences multiples ne sont pas comparables au calme proverbial de la campagne.
133. Comment peut-il avoir autant d'admiration pour ces politiciens de la scène fédérale ridicules ?
134. Savoir qu'il existe des battus enfants me répugne.
135. Ce diplomate s'est bâti une solide réputation en prenant de lourdes de conséquences décisions.

FICHE 31

De la place des compléments

Quatre places s'offrent au rédacteur qui désire intégrer des compléments circonstanciels dans une phrase : 1) en tête de phrase, 2) entre le sujet et le verbe, 3) entre le verbe et le complément direct ou indirect, 4) à la fin de la phrase.
Le rédacteur doit tenir compte de trois grands principes de base.

a) On placera en début de phrase le complément qui assure la liaison avec la phrase précédente.
« Il montra alors du doigt un tableau sur le mur. Derrière cette œuvre d'art se trouvait un coffre-fort. »

b) On respectera, lorsque c'est possible, l'ordre chronologique des faits.
« À peine sorti du lit, et avant même de déjeuner, Pierre jetait un coup d'œil à l'écurie pour vérifier si tout allait bien. »

c) On équilibrera la phrase en distribuant les différents compléments de façon harmonieuse. On conserve habituellement le complément le plus long pour la fin. On peut aussi placer un complément au début et un autre à la fin. Il est également possible de placer en début de phrase, et dans un ordre logique, les circonstances de lieu, de temps ou de manière.
« Malgré son allure déglinguée, cette voiture plaît aux enfants, parce qu'elle possède de multiples gadgets, tous plus farfelus les uns que les autres. »

On évitera, pour des raisons logiques, de placer deux compléments circonstanciels de même fonction (but, cause, etc.) à des endroits différents dans la phrase (c'est-à-dire sans les coordonner ni les juxtaposer).

Forme maladroite: «*Pour se donner un champ d'action accru*, certaines compagnies s'unissent *pour former des multinationales*.»

Forme correcte : « Pour se donner un champ d'action accru, certaines compagnies s'unissent et forment des multinationales. »

Il est plutôt rare que le verbe surgisse en fin de phrase, à moins que la phrase soit vraiment courte. On dispose fréquemment les compléments en fonction de leur longueur (soit du plus court au plus long).
Dans certains cas, le rédacteur aurait avantage à composer deux phrases plutôt qu'une, à transformer quelques compléments en propositions subordonnées ou tout simplement à en supprimer quelques-uns.

Attention ! Voir la fiche 49 sur la virgule.

Exercice

Distribuez harmonieusement les compléments dans les phrases suivantes.

136. L'enfant enfourchait sa bicyclette et faisait quelques kilomètres dès le lever du jour, en vue d'améliorer sa résistance physique et dans l'espoir de remporter le grand prix cycliste de sa région, malgré les efforts exigés.
137. Pour plaire à sa voisine, Paul a lu son plus récent roman pour se donner un prétexte pour l'aborder.
138. Un enfant, sous un soleil radieux, au plus fort de l'été, assoupi sous un arbre centenaire, près d'une rivière au chant mélodieux, un verre de limonade à moitié vide à ses côtés, rêvait.
139. Il emprunta les patins à roues alignées de son beau-frère et fit une promenade de 26 kilomètres. Il était exténué au terme de cette randonnée.
140. Au son des vagues s'échouant sur la grève, pour faire rôtir des guimauves sur les braises, avant d'aller se réfugier dans les bras de Morphée, après une dure journée de labeur, une dizaine de personnes prennent place autour du feu et entonnent des chansons à répondre.

FICHE 32

La coordination

a) On coordonne le plus souvent des éléments de même nature et de même fonction. Il faut répéter le déterminant devant chacun des éléments coordonnés, sauf s'il s'agit d'un nombre ou si les éléments coordonnés renvoient à la même réalité (« mon collègue et ami »). Il faut également voir à ce que les termes conjoints soient de même nature sémantique.

On ne peut coordonner :

1) un adjectif de type affectif avec un adjectif matériel ;
[≠ « Une sculpture poignante et blanche. »]

2) un élément qui marque l'appartenance, la relation, et un élément qui marque la caractérisation ;
[≠ « La boîte de notre maison et aux lettres est peinte en vert. »]

3) deux compléments liés au verbe par la même préposition, mais dont les fonctions sont différentes ;
[≠ « Les policiers tirèrent. L'un des bandits fut atteint à l'épaule et à la sortie de la banque. »]

4) un nom attribut avec déterminant et un adjectif attribut.
[≠ « Cet homme est un athlète et fier de l'être. »]

b) On doit répéter les conjonctions de subordination « que » et « si » (dans l'interrogation indirecte) lorsqu'elles sont reliées par une conjonction de coordination.
« Que je ne sois pas en forme et que je ne fasse rien pour améliorer ma condition physique dépassent la compréhension de mes proches. »
« Je me demande si vous m'aimez et si vous désirez m'épouser. »
Dans le cas de locutions conjonctives terminées par « que », il est de mise de ne répéter que le dernier élément. De même, les conjonctions « comme », « lorsque » et « si » seront avantageusement reprises par « que ».

« Afin qu'elle vienne à la fête et qu'elle ne fasse plus la mauvaise tête, nous lui avons envoyé un carton d'invitation et un bouquet de fleurs. »
« Lorsque le soleil se couche à l'horizon et que le ciel expose ses riches nuances pastel, je sens jaillir en moi une source romantique irrépressible. »

c) Rien n'interdit de commencer une phrase par une conjonction de coordination, le lien étant fait avec la phrase ou l'ensemble de phrases qui précède *[même si un point-virgule pourrait très bien juxtaposer les deux phrases]*.
« L'automne transporte dans ses bagages une panoplie de couleurs féeriques et de parfums enivrants. Mais un soupçon de mort plane sur le paysage. »

d) Dans une phrase négative, on doit employer « ni » comme conjonction de coordination pour marquer la disjonction.
« Je n'ai pas l'habitude de me mettre à genoux ni de solliciter l'aide d'autrui. »

e) On ne peut coordonner deux propositions dont les sujets sont différents sans indiquer clairement ce changement.

Forme fautive:	« Le ton de sa thèse est très alarmiste *et semble articulée* autour de préjugés. »
Forme correcte :	« Sa thèse revêt un ton alarmiste et semble articulée autour de préjugés. »

f) Prenez garde à ne pas ajouter inutilement un « que » après la conjonction de coordination « et », c'est-à-dire lorsqu'il n'y a pas de « que » ou d'élément correspondant dans le segment qui la précède.

Forme fautive:	«*C'est pourquoi j'apprécie* les matins calmes d'octobre *et que* je ne m'en lasserai jamais. »
Forme correcte :	« C'est pourquoi j'apprécie les matins calmes d'octobre et ne m'en lasserai jamais. »

Attention ! Voir les fiches 16 (phrases incomplètes), 18 (prépositions), 20 (pronoms et référent), 33 (zeugme), 47 (point-virgule) et 49 (virgule).

Exercice

Corrigez les phrases suivantes :

141. Voilà pourquoi vous serez toujours très prudent et que vous ne tiendrez rien pour acquis.
142. Je ne veux pas connaître vos raisons et entendre vos jérémiades.
143. Les hommes, femmes et enfants ne perçoivent pas la réalité de la même façon.
144. Je n'avais jamais vu une toile aussi émouvante et surréaliste.
145. La virtuosité de cette graphiste n'est plus à démontrer et a acquis une renommée internationale.

Le zeugme
(compléments en facteur commun)

Règles

a) Un complément direct ou indirect peut être commun à deux verbes à condition qu'il soit introduit de la même façon par chacun de ces verbes. Ainsi, un des deux verbes ne peut être transitif direct et l'autre transitif indirect. Dans le cas de deux verbes transitifs indirects, la préposition utilisée doit être la même.

Forme fautive: « La mère *berce et sourit à* son enfant. »
Forme correcte : « La mère berce son enfant et lui sourit. »

b) La même règle s'applique, *mutatis mutandis*, aux noms, aux adjectifs, aux adverbes et aux prépositions.

Forme fautive: «*L'accession et le maintien de* l'indépendance sont les seuls objectifs de ce peuple. »
Forme correcte : « L'accession à l'indépendance et le maintien de celle-ci sont les seuls objectifs de ce peuple. »
Forme fautive: « Cette religieuse, *dévouée et préoccupée par la cause des femmes battues*, indiquera bientôt les moyens que prendra sa communauté pour venir en aide aux victimes. »
Forme correcte : « Cette religieuse, dévouée à la cause des femmes battues et préoccupée par celle-ci, indiquera bientôt les moyens que prendra sa communauté pour venir en aide aux victimes. »

Forme fautive:	«*Contrairement ou indépendamment de* ce que tu crois, le soleil n'est pas près de s'éteindre.»
Forme correcte :	« Contrairement à ce que tu crois ou indépendamment de cela, le soleil n'est pas près de s'éteindre.»
Forme fautive:	«*Pendant et à cause de* son travail, cet homme a perdu un bras.»
Forme correcte :	« Au cours et à cause de son travail, cet homme a perdu un bras.»

Attention ! Voir les fiches 18 (prépositions), 20 (pronoms et référent), 32 (coordination) et 49 (virgule).

Exercice

Dites si les phrases suivantes sont correctes ou non, et corrigez-les le cas échéant.

146. Malgré le nombre considérable de coureurs d'élite, Jacques s'inscrivit et remporta la compétition.
147. Ce travailleur autonome entre et sort de chez lui au moins cent fois par jour.
148. À cause ou grâce à ces inondations, on ne sait plus, certaines municipalités du Québec ont entrepris de reconstruire leur réseau d'égouts.
149. Le fantôme surveille et fait peur aux étrangers.
150. Ce groupe ne prône rien d'autre que la lutte et la dénonciation à l'échelle planétaire des grands pollueurs.

FICHE 34

Les équivoques

Il faut supprimer toute ambiguïté d'ordre grammatical résultant, en l'occurrence, de l'endroit incorrect occupé par une section de la phrase, de l'emploi inconsidéré d'un pronom personnel ou d'un déterminant possessif. Tout ce qui pose un problème de référence ou de logique doit être clarifié, car une phrase qui peut être interprétée de deux façons engendre une confusion inutile.

Forme fautive: « Tu récolteras *ce que tu auras semé à la fin de la saison*. »
Forme correcte : « Tu récolteras, à la fin de la saison, ce que tu auras semé. »

De nombreuses équivoques résultent aussi du fait que le pronom relatif n'est pas placé à côté de son antécédent.

Forme fautive: « J'ai acheté ce cheval de mon ami*, qui boite légèrement*. »
Forme correcte : « J'ai acheté de mon ami ce cheval, qui boite légèrement. »

Attention ! Voir les fiches 20 (pronoms et référent), 22 (lequel), 23 (dont), 49 (virgule) et 70 (cohérence et logique).

Exercice

Dites si les phrases suivantes sont correctes ou non, et corrigez-les le cas échéant.

151. Nous désirons vendre ce terrain à un amoureux de la nature d'un acre sur trois.
152. Christian s'est rendu chez Paul parce que son téléviseur était en panne.
153. Le chien de ma nièce, qui possède d'étranges oreilles, le suit partout dans la maison.
154. Pierre a annoncé la triste nouvelle à son adolescent, et il a fondu en larmes.
155. Ce commerçant a fait vendre sa mère.

FICHE 35

Les fausses propositions

Logiquement, un participe passé précédé d'une conjonction de subordination ou d'un pronom démonstratif devrait faire partie d'une proposition subordonnée complète (bref, on ne devrait pas faire l'ellipse du sujet ni de l'auxiliaire). Cependant plusieurs grammairiens célèbres permettent la construction averbiale avec les conjonctions « bien que », « parce que », « puisque » et « quoique ». Dans le cas des conjonctions « avant que », « dès que », « lorsque », « même si » et « pourvu que », l'usage est beaucoup plus hésitant, et les spécialistes préconisent une plus grande prudence. De notre côté, nous privilégions une solution simple et uniforme : concevoir, dans tous les cas, des propositions subordonnées complètes. Il revient sans doute à chacun de prendre position dans ce débat et d'opter pour une attitude puriste ou permissive.
On peut, dans certains cas, supprimer tout simplement la conjonction, si le sens de l'énoncé le permet.

Forme critiquée:	« Yvonne a fermé la porte aux représentants de l'Association des chevaliers interstellaires, *parce que non intéressée* par les sectes. »
Formes correctes :	« Yvonne a fermé la porte aux représentants de l'Association des chevaliers interstellaires, parce qu'elle n'est pas intéressée par les sectes. » OU « Non intéressée par les sectes, Yvonne a fermé la porte aux représentants de l'Association des chevaliers interstellaires. »
Forme critiquée:	« Des mesures plus sérieuses *que celles proposées* devraient être retenues. »
Forme correcte :	« Des mesures plus sérieuses que celles qui ont été proposées devraient être retenues. »

De même l'ellipse du verbe est à éviter lorsqu'un nom suit une conjonction ou une locution conjonctive de subordination.

Forme fautive:	«*Lorsque de service*, cet homme de ménage démontre de grandes qualités.»
Forme correcte :	« Lorsqu'il est de service, cet homme de ménage démontre de grandes qualités. »

Attention ! Voir la fiche 16 sur les phrases incomplètes.

Exercice

Dites si les phrases suivantes sont correctes ou non, et corrigez-les le cas échéant.

156. Dès que prise au dépourvu, Nathalie devient rouge comme un homard.
157. Le Bonhomme Sept Heures, tel que décrit dans les livres, semble très dangereux.
158. Même si bouleversé par les événements, Yves sera présent à la réunion.
159. Comme mentionné antérieurement, nous ne sommes pas prêts à laisser tomber notre droit de grève.
160. Des procédures administratives moins lourdes et compliquées que celles effectuées par le gouvernement devraient engendrer des réductions de coût substantielles.

CONSTRUCTION DE LA PHRASE

FICHE 36

La confusion interrogative

L'interrogation directe exige habituellement l'inversion du sujet et le point d'interrogation, tandis que l'interrogation indirecte ne comporte ni inversion ni point d'interrogation (avec les verbes comme « chercher à savoir », « se demander », « ignorer », etc.). Il arrive parfois que l'on confonde ces deux modes d'interrogation et que l'on ajoute à tort un point d'interrogation ou qu'on oublie de l'indiquer.

Forme fautive: « Jérémie *se demande* ce que l'avenir lui réserve*?*»
Forme correcte : « Jérémie se demande ce que l'avenir lui réserve. »
Forme fautive: « Pourquoi Jérémie *il se demande* ce que l'avenir lui réserve.»
Forme correcte : « Pourquoi Jérémie se demande-t-il ce que l'avenir lui réserve ? »

Attention ! Voir la fiche 41 sur les citations.

Exercice

Corrigez les phrases suivantes.

161. Pour quelles raisons Marie-Annie elle envoie librement une photographie d'elle sur Internet.
162. Il est raisonnable de chercher à savoir pourquoi les politiciens ne tiennent généralement pas leurs promesses électorales ?
163. Expliquez-moi de quelle façon fixe-t-on des tuyaux de plastique.
164. J'ai essayé de savoir quand désirait-il mettre la maison en vente ?
165. Pourquoi faut-il que je demande toujours ce que je ne veux pas entendre.

FICHE 37

Les expressions désordonnées

Lorsqu'on a recours à une expression alternative, il faut employer les deux éléments corrélatifs (comme « les uns... les autres », « tantôt... tantôt », « soit... soit ») et surtout ne pas utiliser deux éléments appartenant à des expressions différentes. La même rigueur est de mise quand le rédacteur choisit des expressions indiquant un ordre (comme « premièrement, deuxièmement, etc. », « d'abord... ensuite... puis... enfin »). Une façon de remédier au problème consiste à retenir une locution qui fonctionne seule.

Forme fautive: « Je n'ai pas le goût de m'engager dans ce projet ; *d'autre part*, je n'ai pas une minute à y consacrer. »

Formes correctes : « D'une part, je n'ai pas le goût de m'engager dans ce projet ; d'autre part, je n'ai pas une minute à y consacrer. »

OU

« Je n'ai pas le goût de m'engager dans ce projet ; par ailleurs, je n'ai pas une minute à y consacrer. »

Attention ! Voir la fiche 75 sur les transitions.

Exercice

Dites si les phrases suivantes sont correctes ou non, et corrigez-les le cas échéant.

166. Il se plaint tantôt d'une otite, ensuite d'un mal au dos.
167. Quel dilemme : d'un côté, la tarte est succulente, de plus, elle est hautement calorique !
168. Ou bien le réseau Internet fera de nous d'impénitents sédentaires, sinon il nous incitera à voyager à travers le monde et à découvrir de nouvelles cultures.
169. Les uns prétendaient qu'un monstre hantait le lac, plusieurs n'accordaient aucun crédit à ces propos.
170. D'abord, vous me dites que vous m'aimez ; enfin, vous m'insultez en public ; puis, vous partez au bras d'un inconnu.

La correspondance des temps

En ce qui a trait à la correspondance des temps, plusieurs possibilités s'offrent au rédacteur, qui doit cependant faire preuve de cohérence et de vigilance. Comme le mode de la subordonnée dépend presque toujours de la conjonction employée, un coup d'œil dans un ouvrage de référence permet d'éviter bien des erreurs. Il lui faut ensuite déterminer si l'action de la proposition subordonnée se situe avant, en même temps ou après le temps de la proposition principale et si elle est accomplie ou non accomplie, si elle dure, etc.
D'une façon générale, le principe de base est le suivant : si la subordonnée exprime un fait considéré comme vrai (une réalité, une certitude, une conséquence), son verbe sera à un temps du mode indicatif (10 temps possibles, y inclus le conditionnel) ; si la subordonnée exprime une éventualité, un souhait ou un doute, son verbe sera au mode subjonctif (4 temps possibles, mais 2 seulement sont usuels).

Forme fautive : « Je suis parti *de crainte que* tu ne *ris* de moi. »
Forme correcte : « Je suis parti de crainte que tu ne ries de moi. »
[Le subjonctif est de rigueur avec : avant que, afin que, à moins que, bien que, jusqu'à ce que, pourvu que, etc.]

Une fois que l'on a déterminé le mode de la subordonnée (indicatif ou subjonctif), d'autres principes gouvernent la correspondance des temps. Voici les plus importants.

a) Si le verbe de la proposition principale est à l'indicatif présent (ou futur), le verbe de la subordonnée peut se mettre, selon le sens visé par le rédacteur, à n'importe quel temps de l'indicatif.
« J'en déduis que Paul fait *[présent]* de la course à pied tous les jours. »
« J'en déduis que Paul faisait *[imparfait]* de la course à pied tous les jours. »

« J'en déduis que Paul fit *[passé simple]* de la course à pied la semaine dernière. »
« J'en déduis que Paul fera *[futur]* de la course à pied la semaine prochaine. »
« J'en déduis que Paul a fait *[passé composé]* de la course à pied la semaine dernière. »
« J'en déduis que Paul aura fait *[futur antérieur]* de la course à pied avant les vacances d'été. »
« J'en déduis que Paul avait fait *[plus-que-parfait]* de la course à pied auparavant. »
« J'en déduis que Paul ferait *[cond. présent]* de la course à pied s'il avait de bonnes chaussures. »
« J'en déduis que Paul aurait fait *[cond. passé]* de la course à pied s'il y avait eu moins de verglas. »
« J'en déduis que Paul eût fait *[cond. passé 2e forme]* de la course à pied si le temps l'eut *[passé antérieur]* permis. »

b) Si le verbe de la proposition principale est à l'indicatif imparfait, celui de la proposition subordonnée sera à l'indicatif imparfait (action simultanée), plus-que-parfait (action antérieure), futur du passé (action future) ou futur antérieur dans le passé (action future elle-même antérieure à une autre action future).
« J'en déduisais que Paul faisait *[imparfait]* de la course à pied tous les jours. »
« J'en déduisais que Paul avait fait *[plus-que-parfait]* de la course à pied auparavant. »
« J'en déduisais que Paul ferait *[futur du passé / conditionnel présent]* de la course à pied à l'avenir. »
« J'en déduisais que Paul aurait fait *[futur antérieur dans le passé / conditionnel passé]* de la course à pied avant les vacances d'été. »

c) Si le verbe de la proposition principale est au présent (ou futur) de l'indicatif, celui de la subordonnée au mode subjonctif se mettra au présent (action simultanée ou future) ou au passé (action antérieure).
« Je crains qu'il perde *[subj. prés.]* son emploi. »
« Je crains qu'il ait perdu *[subj. passé]* son emploi. »

d) Si le verbe de la proposition principale est à un temps passé de l'indicatif, celui de la subordonnée au mode subjonctif sera au présent ou à l'imparfait pour une action simultanée et au passé ou au plus-que-parfait pour une action antérieure.

« Je craignais qu'il perde / perdît *[subj. prés. / imp.]* son emploi. »
« Je craignais qu'il ait / eût perdu *[subj. passé / plus-que-parfait]* son emploi. »

e) Si le verbe de la proposition principale est au conditionnel présent, celui de la subordonnée au mode subjonctif sera au présent ou à l'imparfait.
« Je craindrais qu'il perde / perdît *[subj. prés. / imp.]* son emploi. »

f) Si le verbe de la proposition principale est au conditionnel passé, celui de la subordonnée au mode subjonctif sera au présent ou à l'imparfait pour une action simultanée et au passé ou au plus-que-parfait pour une action antérieure.
« J'aurais craint qu'il perde / perdît *[subj. prés. / imp.]* son emploi. »
« J'aurais craint qu'il ait / eût perdu *[subj. passé / plus-que-parfait]* son emploi. »

g) Avec « si » (proposition conditionnelle), le mode à employer est l'indicatif et non pas le conditionnel (« Les scies n'aiment pas les raies ni les rats », comme disait le menuisier...). Le temps utilisé dans la proposition conditionnelle détermine celui de la proposition principale. Comparer les exemples suivants.
« Si le rédacteur en sent *[ind. présent]* le besoin, il pourra *[ind. futur]* dessiner... »
« Si le rédacteur en sentait *[ind. imparfait]* le besoin, il pourrait *[cond. présent]* dessiner... »
« Si le rédacteur en avait senti *[ind. plus-que-parfait]* le besoin, il aurait pu *[cond. passé]* dessiner... »

• Le temps de la narration

Le problème le plus récurrent dans les textes concerne sans doute les variations du temps de la narration. On ne peut, dans le même paragraphe, passer indifféremment du passé simple au présent, puis revenir au passé simple. Généralement, le rédacteur conserve le même temps narratif tout au long de son texte. Précisons qu'une narration au passé simple (qui recourt évidemment aussi à l'imparfait pour les actions non terminées) n'exclut pas l'usage de l'indicatif présent dans les dialogues.

Forme fautive: « Valérie *remarqua* que ses amies l'attendaient au bar. Elle se *dirigeait* vers elles lorsqu'elle *sent* soudain quelqu'un lui saisir le bras. »

Forme correcte : « Valérie remarqua que ses amies l'attendaient au bar. Elle se dirigeait vers elles lorsqu'elle sentit soudain quelqu'un lui prendre le bras. »

Si le rédacteur le désire, il pourra dessiner l'axe du temps de son texte en plaçant comme valeur zéro (et en précisant si on est au présent ou au passé) le temps de la narration. Il rangera ensuite les événements passés et futurs en fonction de ce point de référence et emploiera le temps de verbe approprié à l'événement raconté.

Attention ! Voir la fiche 41 sur les citations.

Exercice

Dites si les phrases suivantes sont correctes ou non, et corrigez-les le cas échéant.

171. Si j'irais plus souvent au centre commercial, j'y dépenserais tout mon argent.
172. Comme je regardais mon banquier droit dans les yeux, je me demandais s'il croyait l'histoire que j'allais lui raconter.
173. Je n'apprécie guère qu'il va ainsi se promener aux petites heures du matin.
174. Après que l'hiver eût entamé son cycle, mais avant que le verglas destructeur n'arriva, je profitais béatement de la température clémente.
175. Brigitte cogna à la porte, mais personne ne répondit. Aucun bruit n'émane de l'appartement. Elle prend la clé que lui avait confiée sa copine et entre.

FICHE 39

Le mauvais auxiliaire

La plupart des verbes se conjuguent avec l'auxiliaire « avoir » (« avoir », « être », tous les verbes transitifs, une grande partie des verbes intransitifs et les verbes impersonnels), un certain nombre avec « être » (quelques verbes intransitifs, tous les verbes pronominaux et les verbes à la forme passive), quelques-uns exigeront l'un ou l'autre selon le contexte (« être » pour exprimer un état et « avoir », une action). Pour l'accord des participes passés, consultez une bonne grammaire !

Forme fautive: « J'*ai tombé* de cheval et *je m'ai cassé* la jambe. »
Forme correcte : « Je suis tombé de cheval et je me suis cassé la jambe. »

Attention ! Voir la fiche 9 sur la confusion homophonique.

Exercice

Corrigez les phrases suivantes.

176. J'ai resté toute la journée debout, à t'attendre au coin de la rue.
177. Je suis passé te voir chez toi, mais nous nous avons manqué de peu.
178. Savais-tu que tu aies aimé de tes parents ?
179. Je suis demeuré à l'angle des rues Abel et Caïn pendant 18 ans.
180. Puisque je voulais faire un feu dans la cheminée, je suis monté plusieurs bûches au rez-de-chaussée.

FICHE 40

Les énumérations

Faire une énumération n'est pas aussi simple que l'on croit. Bien sûr, on coordonne des éléments de même nature et de même fonction présentés sous la même forme grammaticale. Le rédacteur doit en outre tenir compte de l'aspect sémantique du terme introducteur afin de respecter la logique et la cohérence. Si un nom est accompagné d'un article, tous les noms de l'énumération devraient l'être aussi. À moins de rechercher un effet bien précis (de contraste, de gradation...), le rédacteur qui ajoute des adjectifs ou divers compléments aux termes énumérés veillera à les distribuer de façon harmonieuse dans la phrase. Il ne devrait pas, par exemple, laisser un seul terme orphelin !
Les éléments énumérés ne sont pas placés au hasard ; le rédacteur détermine un certain ordre (alphabétique, chronologique, logique, etc.) en fonction de l'effet qu'il cherche à produire. Généralement, on place « et » devant le dernier terme énuméré.

Forme fautive : « Cette femme possède une forte personnalité : elle est *enjouée, intelligente, probe, déterminée, dynamique*. »

Forme correcte : « Cette femme possède une forte personnalité : elle est déterminée, dynamique, enjouée, intelligente et probe. »

[Plutôt que le classique et « neutre » ordre alphabétique, les éléments auraient pu être énumérés en fonction des traits de la personnalité que le rédacteur considère comme les plus importants.]

Forme fautive : « On résume ainsi les cinq étapes à suivre :

a) *bien* comprendre le mandat ;
b) *cueillette* de l'information ;
c) *rédaction* du rapport ;
d) *la révision* du rapport ;
e) *remettre* le tout à son employeur. »

Forme correcte : « On résume ainsi les cinq étapes à suivre :

a) comprendre le mandat ;
b) recueillir l'information ;
c) rédiger le rapport ;
d) réviser le rapport ;
e) remettre le tout à son employeur. »

[Puisque les éléments énumérés sont très courts, on aurait pu utiliser la virgule plutôt que le point-virgule comme signe de ponctuation.]

Le rédacteur qui prend la peine de préciser le nombre d'éléments qu'il énumérera devra s'assurer qu'il n'en a oublié aucun.

Attention ! Voir les fiches 47 (point-virgule) et 49 (virgule).

Exercice

Corrigez les phrases suivantes.

181. J'aime les hommes musclés, athlètes et romantiques.
182. Le suspect prit la fuite, commit son larcin et sortit en trombe de sa voiture.
183. Il n'y a que trois options possibles : a) que tu réintègres le marché du travail, b) vendre la maison, c) l'achat d'un billet de loterie gagnant.
184. Je ne ferai que trois remarques : d'abord, le concept de censure m'horripile ; enfin, un livre n'a jamais tué personne.
185. J'apprécie à l'automne les couleurs flamboyantes des montagnes, le souffle du vent frais sur le visage et les odeurs.

FICHE 41

Les citations

• Objectifs

L'insertion d'une citation dans un texte permet au rédacteur de montrer qu'il :

a) sait repérer dans un texte autre que le sien les passages les plus pertinents ;
b) est capable d'insérer, avec doigté et finesse, ces passages dans son propre texte ;
c) sait choisir les passages qui serviront de preuves à ses dires, qui ajouteront de l'information pertinente à son argumentation ou qui préciseront des éléments nécessaires à sa démonstration. Dans le cas contraire, le rédacteur résumera dans ses propres termes la pensée de l'auteur. Par souci de probité intellectuelle, qu'il le cite ou non, le rédacteur qui emprunte une idée à quelqu'un d'autre doit indiquer la référence exacte de sa source.

• Mises en garde

Voici trois principes fondamentaux que le rédacteur doit toujours garder en tête :

a) aucun travail ne doit être un collage de citations ;
b) on ne doit jamais introduire une citation par un ou plusieurs des mots qu'elle contient (sinon, on la « brûle », on la rend inutile) ;
c) on évitera les transitions peu subtiles, comme « d'ailleurs la citation suivante le prouve » ou « et je me permets de citer ».

• Citation en style direct

La citation en style direct se caractérise par l'utilisation du deux-points, des guillemets et du respect intégral des écrits ou des paroles de quelqu'un en au moins une phrase complète. Le signe de ponctuation qui termine la citation se place à l'intérieur du guillemet fermant et fait aussi office de ponctuation finale pour la phrase entière du rédacteur.

La façon de présenter les citations peut varier d'une institution ou d'une entreprise à l'autre. Généralement, une citation de trois lignes ou moins doit être incorporée au texte, tandis qu'une citation de plus de trois lignes doit être placée en retrait (et à simple interligne).

• Citation en style indirect

Deux possibilités s'offrent au rédacteur qui désire citer indirectement : il résume les écrits ou les paroles de quelqu'un en ses propres termes ou il en résume une partie et insère un fragment de citation à sa phrase. Dans ce dernier cas, le signe de ponctuation final se place à l'extérieur du guillemet fermant.

Les transformations du style direct au style indirect portent sur trois aspects :

a) **L'ajout d'un terme introducteur + que**
   - verbes déclaratifs (affirmer, convenir, dire, etc.)
   - verbes d'opinion (croire, estimer, juger, penser, etc.)
   - verbes de perception (comprendre, concevoir, se rendre compte, sentir, etc.)
   - noms (l'idée, le sentiment, etc.)

   N. B. Le choix de l'un ou l'autre de ces termes n'est évidemment pas neutre !

b) **Les pronoms (personnels, possessifs et démonstratifs), les déterminants, les modes et les temps**

   On doit porter une attention particulière à la conversion des pronoms et des déterminants.

Style direct :	« Mon chien [le chien de Jean] n'est pas plus méchant qu'un autre. »
Style indirect fautif:	Jean affirme que « *mon* chien n'est pas plus méchant qu'un autre ».
Style indirect correct :	Jean affirme que son chien « n'est pas plus méchant qu'un autre ».

   Quand les paroles sont rapportées dans le présent, le temps du verbe introducteur ne change pas. Quand les paroles sont rapportées dans le passé, certains temps du mode indicatif changent. Le présent est remplacé par l'imparfait, le passé composé par le plus-que-parfait, le futur simple par le conditionnel présent, le futur antérieur par le conditionnel passé. Les modes conditionnel et subjonctif ne changent pas.

Style direct : « Oublie ce que je viens de dire. »
Style indirect : Il m'a demandé d'oublier ce qu'il venait de dire.
Style direct : Sylvie m'a dit : « Je te suivrai jusqu'au bout du monde. »
Style indirect : Sylvie m'a dit qu'elle me suivrait jusqu'au bout du monde.

L'impératif est remplacé par la forme « de + infinitif » ou « que + subjonctif ».

Style direct : « Range ta chambre ! »
Style indirect : Elle te demande de ranger ta chambre.
Elle demande que tu ranges ta chambre.

c) **Les adverbes et les phrases interrogatives (directes et indirectes)**
Les adverbes « ici », « aujourd'hui », « hier », « demain » deviennent « là », « ce jour-là », « la veille », « le lendemain ».

Style direct : « À partir d'aujourd'hui, je ne fume plus. »
Style indirect : Elle a spécifié que, à partir de ce jour-là, elle ne fumait plus.

Dans une interrogation indirecte totale (c'est-à-dire lorsque la réponse ne peut être que *oui* ou *non*), le sujet n'est plus inversé, on ajoute le subordonnant « si » et l'on fait disparaître le point d'interrogation.

Style direct : « As-tu acheté ce disque ? »
Style indirect : Elle demande si tu as acheté ce disque.

Dans une interrogation indirecte partielle (c'est-à-dire lorsque la question ne porte que sur un terme de la proposition), le sujet n'est plus inversé. « Que » et « qu'est-ce que » deviennent « ce que », tandis que « qu'est-ce qui » devient « ce qui ». On fait également disparaître le point d'interrogation.

Style direct : « Qu'est-ce que je peux y faire ? »
Style indirect : J'aimerais savoir ce que je peux y faire.

Dans une interrogation indirecte partielle, « combien », « comment », « où », « pourquoi », « quand », « quel » et « qui » ne changent pas. On fait cependant disparaître le point d'interrogation.

Style direct :	« Combien gagnes-tu ? »
Style indirect :	Il veut savoir combien tu gagnes.

Attention ! Voir la fiche 36 sur la confusion interrogative.

Exercices

Corrigez la phrase suivante.

186. Sherbrooke a remporté le titre de Ville industrielle de l'année, un honneur que le maire attribue « à mon travail inlassable depuis trois ans ».

Transcrivez les phrases suivantes en style indirect.

187. « Laisse-moi tranquille. » Elle te demande ______
188. « Je ne me laisserai pas marcher sur les pieds. » Le professeur a affirmé ______
189. « À partir de demain, je remettrai mes travaux à temps. » Il a prétendu que ______
190. « Qu'est-ce qui perturbe ton comportement ? » Ta mère cherche à savoir ______

4. *Principes de base de la ponctuation*

« On le voit, c'est la ponctuation qui apporte la lumière, permet la certitude et la précision du message. »

La bonne ponctuation
Albert Doppagne

FICHE 42

Les fonctions de la ponctuation

On attribue à la ponctuation une fonction grammaticale (syntaxique) ou stylistique. La première sert à indiquer les rapports logiques entre des éléments, des phrases ; tandis que la seconde exprime des sentiments, montre certaines intentions du rédacteur ou met en relief quelques éléments du texte.

Les prochaines fiches portent essentiellement sur la première fonction, celle qui est régie par les règles les plus strictes. Il n'est pas pour autant permis de faire n'importe quoi sous le couvert de la fonction stylistique. Si Céline, célèbre écrivain français, peut se permettre d'utiliser les points de suspension comme éléments rythmiques dans ses romans, un étudiant ne peut en faire autant dans une dissertation ! Encore une fois, tout est question d'équilibre, de dosage, de bon sens...

Les auteurs de bandes dessinées font aussi un usage très créatif de la ponctuation et juxtaposent parfois plusieurs signes entre eux. Le rédacteur doit faire preuve de discernement et bien évaluer les retombées de certaines libertés (!?), surtout si le destinataire de son texte est son professeur de français !

FICHE 43

Le point

Le point, qui indique une longue pause, marque la fin de la phrase déclarative ou impérative.

« Le pont s'est effondré. »

« Fermez la porte, s'il vous plaît. »

Il est aussi utilisé dans certaines abréviations.

« L'abréviation de infinitif est inf. »

[Notez que, en fin de phrase, le point d'abréviation fait également office de point final.]

Le premier mot qui suit un point final prend toujours la majuscule.

FICHE 44

Le point d'interrogation

Le point d'interrogation indique une longue pause. On l'utilise :

a) à la fin d'une phrase interrogative directe ;
« As-tu acheté le plus récent disque de ce groupe rock ? »
« C'est elle qui a affirmé cela ? »

b) après le mot (ou groupe de mots) sur lequel porte l'interrogation.
« Les perséides ? je ne les ai jamais vues. »
« Et le café ? demanda-t-elle. »
« Vous pensiez, n'est-ce pas ? me faire tomber dans ce piège. »
[Notez que, dans ce cas, on n'ajoute pas de virgule après le point d'interrogation et que le mot qui suit – sauf s'il s'agit d'un nom propre, bien sûr – commence par une minuscule, car la phrase n'est pas terminée.]

Placé entre parenthèses, le point d'interrogation indique que le rédacteur met en doute le choix et la pertinence d'un mot.
« C'est alors que le policier (?) prit la fuite avec les voleurs. »

Attention ! Voir la fiche 36 sur la confusion interrogative.

FICHE 45

Le point d'exclamation

Le point d'exclamation, qui indique une longue pause, marque un sentiment vif, une attitude affective (émotion, surprise, étonnement, etc.). On l'utilise :

a) à la fin d'une phrase exclamative ;
« Ce qu'il fait beau ! »
« Qu'est-ce que c'est que cette habitude de roter à table ! » déplorait ma mère.
[Notez qu'on n'ajoute pas de virgule après le point d'exclamation lorsqu'il est suivi d'une proposition incise indiquant une prise de parole.]

b) parfois après un impératif pour donner plus de force à l'énonce ;
« Ferme-la ! »

c) après une interjection ;
« Bravo ! Bravo ! »
« Eh bien ! »
« Ah ! je ne le savais pas. »
[Notez que, dans ce cas, on n'ajoute pas de virgule après le point d'exclamation et que le mot qui suit – sauf s'il s'agit d'un nom propre, bien sûr – commence par une minuscule, car la phrase n'est pas terminée.]

Placé entre parenthèses, le point d'exclamation indique le doute ou marque l'ironie du rédacteur face à un mot qu'il a lui-même choisi.
« Le jeune homme avala trente-six (!) pâtisseries en une demi-heure. »

FICHE 46

Les points de suspension

Les points de suspension, toujours au nombre de trois, indiquent une longue pause. Ils servent à :

a) marquer une interruption de la pensée (la phrase n'est pas terminée) ;
« Enfin ! voilà le camelot... »

b) laisser entendre un mot sans avoir à le prononcer ;
« Bande de...! »

c) mettre en relief ce qui suit ;
« Le chauffard lui cria : "Mange... de la colle !" »

d) marquer une émotion profonde.
« Je... je... n'ai pas... peur... de vous... »

Placés entre crochets, les points de suspension indiquent que le rédacteur a effectué une coupure dans une citation.
« Le prochain grand prix automobile [...] devrait couronner le nouveau champion du monde. »

Attention ! Voir la fiche 49 sur la virgule.

FICHE 47

Le point-virgule

Le point-virgule sépare des propositions de même nature, liées par le sens. Il marque une pause moyenne. On l'utilise :

a) pour séparer les parties d'une phrase dont l'une, au moins, est déjà subdivisée par une virgule ;
« Mon père s'est acheté un râteau ; ma mère, un manteau. »
[Dans cet exemple, la virgule indique qu'il y a ellipse. Elle remplace en fait les mots sous-entendus « s'est acheté ». Voir la fiche 49 sur la virgule.]

b) pour juxtaposer deux phrases quand la deuxième prolonge la première ;
« L'étudiant a réussi son bac ; il ne le croit pas encore. »
[Il serait toujours possible, dans ce cas, de remplacer le point-virgule par un point. On perdrait cependant une nuance importante.]

c) pour séparer les différents éléments d'une énumération constituée de phrases.
« Cochez l'une des réponses suivantes :
   a) j'apprécie la lecture ;
   b) j'aime la lecture ;
   c) je raffole de la lecture ;
   d) je déteste la lecture. »
[Puisque les éléments énumérés sont très courts, on aurait pu utiliser la virgule plutôt que le point-virgule comme signe de ponctuation.]

Attention ! Voir les fiches 40 (énumérations) et 49 (virgule).

FICHE 48

Le deux-points (ou les deux points)

Le deux-points indique une pause moyenne ou courte. Il est toujours précédé et suivi d'une espace. On l'utilise :

a) pour rapporter en discours direct les paroles ou les écrits de quelqu'un ;
« Le général Charles de Gaulle s'est écrié : "Vive le Québec libre !" »

b) pour indiquer une cause ;
« Il courait comme un fou : la police le poursuivait. » *[: = « parce que »]*

c) pour annoncer une conséquence ;
« La Chine exporte ses vêtements bon marché dans tout l'Occident : les usines de textile ferment au Québec. » *[: = « par conséquent »]*

d) pour introduire une énumération ;
« Il n'y avait que trois concurrentes en lice : Éléonore, Francine et Sylvie. »

e) pour donner un exemple ;
« Il est possible de concilier études et travail : Mélanie le réussit très bien. » *[: = « par exemple »]*

f) pour fournir une explication ;
« Le restaurant Pizzicato est très bien situé : il se trouve au centre-ville, juste à côté de La Maison du cinéma. »

On ne peut employer le deux-points plus d'une fois dans la même phrase, à moins que l'on introduise une citation dans laquelle se trouve aussi un deux-points.

FICHE 49

La virgule

La virgule indique une courte pause. En raison de sa forte fréquence à l'écrit, c'est assurément le signe de ponctuation qui pose le plus de problèmes. Il faut retenir comme principe de base qu'on ne met jamais de virgule entre le sujet, le verbe et les compléments direct et indirect, l'attribut ou le complément circonstanciel essentiel. On ne met pas de virgule non plus entre le nom et l'adjectif qui le caractérise ni entre le verbe et l'adverbe qui s'y rapporte.
Ce sont les segments de phrases que l'on intercale entre ces groupes qui doivent être précédés et suivis de virgules. On utilise la virgule :

a) pour séparer les sujets, les compléments ou les phrases juxtaposées dans une énumération ;
« La nourriture, le logement, l'habillement rongent presque tout mon salaire. »
[On n'ajoute pas de virgule après le dernier terme de l'énumération puisque l'on séparerait ainsi le sujet du verbe. Voir la fiche 40 sur les énumérations.]
« Paul-Henri a téléphoné à Caroline, à Judith et à Nathalie. »
« Tu achèteras des fraises, tu en feras une confiture. »

b) pour séparer du reste de la phrase les mots ou sous-phrases à valeur purement explicative ;
1) les mots en apposition ;
« Séraphin, le roi du Nord, se mit à rire. »
2) les mots mis en relief ;
« Toi, tu es rusé ! »
3) les mots en apostrophe ;
« Jean, mange ta soupe ! »
4) les incises ;
« Le chevreuil, dit le chasseur, a déguerpi comme un lapin. »
5) les relatives explicatives.
« Les professeurs, qui ont fait la fête, ont la gueule de bois. »

En plaçant « qui ont fait la fête » entre virgules, on présuppose que tous les professeurs ont fait la fête (et ont la gueule de bois). Si on avait voulu indiquer que, parmi les professeurs, certains ont fait la fête et d'autres pas, on aurait alors supprimé les virgules et converti du même coup la relative explicative (entre virgules) en relative déterminative (sans virgules) (et alors seuls les professeurs qui ont fait la fête ont la gueule de bois…). Il ne faut jamais minimiser l'importance d'une virgule !

c) après un adverbe, une locution adverbiale, un complément ou une proposition circonstancielle en tête de phrase (lorsque cet élément est très court, la virgule devient facultative ; lorsqu'il est immédiatement suivi du verbe et de son sujet en inversion, on ne met pas de virgule) ;
« Demain(,) je vais faire du sport. »
« Dans une semaine ou deux, l'hiver sera là. »
« À ce moment précis arrive le directeur. »

d) avant les propositions introduites par des conjonctions de coordination autres que « et », « ou », « ni »;
« Il doit sentir mauvais, car tous fuient à son approche. »
« Il possède de nombreux cheveux blancs, mais il est moins vieux qu'il en a l'air. »
[Lorsque « mais » et « sinon » coordonnent un court segment dans une même proposition, on évite de les faire précéder d'une virgule : « Cette explication est courte mais claire. »]

e) avant les conjonctions « et », « ou », « ni », quand elles coordonnent :
   1) trois éléments ou plus ;
   « Ni le noir, ni le gris, ni le vert ne me plaisent. »
   2) deux propositions ayant des sujets différents.
   « Tu veux partir, et la fête n'est pas encore terminée. »

f) avant les propositions circonstancielles introduites par « alors que », « bien que », « de sorte que », « même si », « puisque », « quoique », « tandis que »;
« Après cette randonnée à vélo, il n'avait plus d'énergie, tandis que ses deux enfants poursuivaient leurs jeux comme si de rien n'était. »

g) après les adverbes de liaison « ainsi », « aussi », « cependant », « certes », « enfin », « néanmoins », « par conséquent », « pourtant » placés en tête de phrase (si ces adverbes sont placés à l'intérieur de la phrase, ils ne sont ni précédés ni suivis de virgules) ;
« Certes, je ne participerai jamais plus à ce genre d'activités. »
« Je ne participerai certes jamais plus à ce genre d'activités. »
[On ne met pas de virgule après la locution « c'est pourquoi » : « C'est pourquoi les êtres humains sont si méfiants les uns envers les autres. »]
[On évite de placer une virgule après « ainsi » et « aussi » lorsque ces adverbes sont suivis d'une inversion : « Aussi se demanda-t-il quel exemple présenter. »]

h) avant le pronom relatif « qui » lorsqu'il n'est pas précédé immédiatement par son antécédent ;
« Nous avons avisé les marchands du quartier, qui prendront les mesures appropriées pour régler le problème. »

i) avant les mots ou expressions qui servent à préciser la pensée : « autrement dit », « c'est », « c'est-à-dire », « en d'autres termes », « notamment »;
« Je raffole de la cuisine italienne, notamment des pizzas. »

j) pour indiquer une ellipse. Dans ce cas, les termes sous-entendus doivent absolument conserver la même forme que le syntagme de départ.
« Mon père aime lire des polars ; mon frère, des bandes dessinées. »
On ne pourrait pas, par exemple, sous-entendre un verbe à la forme positive s'il est écrit auparavant à la forme négative ;

Forme fautive :	«*Je ne veux pas* devenir égoïste, *seulement sauver* ma peau. »
Forme correcte :	« Je ne veux pas devenir égoïste, je désire seulement sauver ma peau. »

k) avant « etc. ».
« J'ai lu tous les grands poètes : Brossard, Lapointe, Miron, Nelligan, etc. »
[On n'ajoutera surtout pas de points de suspension après etc., ce qui causerait en quelque sorte un pléonasme visuel...]

Attention ! Voir les fiches 7 (pléonasmes), 32 (coordination), 33 (zeugme), 47 (point-virgule) et 59 (suppression des démonstratifs).

FICHE 50

Les doubles signes

• Les parenthèses

Les parenthèses sont utilisées pour ajouter une information pertinente dans une phrase, sans pour autant lui donner une grande visibilité.

« Les étudiants universitaires (sans distinction de leur domaine d'études) affectionnent tout particulièrement la substance alcoolique dérivée du houblon. »
« Il ne restait plus que cinq combattants (à l'exception bien sûr des femmes et des enfants). »

À l'intérieur d'une phrase, la parenthèse ouvrante n'est jamais précédée d'un signe de ponctuation. Seule la parenthèse fermante peut être suivie d'un signe de ponctuation.
Lorsque la parenthèse constitue une phrase en soi, la ponctuation finale se place avant la parenthèse fermante. Si l'on désire ajouter une précision à l'intérieur d'une parenthèse, on a recours aux crochets.

« Après une longue journée ponctuée de batailles et de cris, les enfants montèrent se coucher. (Et les parents [ou ce qu'il en reste !] purent alors se reposer.) »

• Les tirets

Les tirets, contrairement aux parenthèses, servent à faire ressortir une information, à la mettre sous les feux de la rampe.

« Les maladresses verbales du premier ministre – et Dieu sait qu'il en a commis depuis quelque temps – le rendent très impopulaire. »

On ne place pas de tiret fermant devant un signe de ponctuation plus fort (point, point d'interrogation, point d'exclamation, deux-points et point-virgule). Pour la virgule, l'usage est hésitant : certains la placent avant le tiret fermant, d'autres après. Rappelons enfin que le tiret seul indique un changement d'interlocuteur dans un dialogue.

• Les guillemets

Les guillemets accompagnent toujours les citations directes.

« Le juge a laissé tomber sa sentence : "Je vous condamne à trois mois de prison." »

[Lorsque l'on doit utiliser des guillemets à l'intérieur d'autres guillemets, ce sont les guillemets anglais " " que l'on place à l'intérieur des guillemets français « » et les guillemets allemands ' ' à l'intérieur des guillemets anglais " " .]

Les guillemets permettent aussi au rédacteur de marquer la présence d'un néologisme impropre volontairement utilisé ou d'un terme familier, technique ou vulgaire (et de s'en excuser en quelque sorte...) et, parfois, ils lui servent à prendre ses distances face à des propos tenus par un tiers.

« Bien que nous vivions dans une société "technétronique", un grand nombre de personnes n'ont toujours pas accès à l'ordinateur. »
« Maintenant, c'est à toi de te "démerder". »
« Les récents attentats ne sont plus que les séquelles d'un "terrorisme résiduel". »

Exercices

Ponctuez les phrases suivantes.

191. Que voilà un hiver froid et meurtrier
192. Un cheval je n'ai pas les moyens de m'en acheter un pas plus qu'un chien d'ailleurs
193. Après plusieurs mois de tergiversations cet employé dont le comportement semblait pourtant exemplaire s'est pointé dans le bureau de son patron une arme à la main et lui a dit moi je mérite une augmentation de salaire substantielle sinon je vous jure que

194. Pourquoi faut-il depuis que je suis ici que vous soyez toujours le premier à vous plaindre
195. Le directeur affirma l'employé n'a plus toute sa tête

Corrigez la ponctuation dans les phrases suivantes.

196. C'est pourquoi j'ai dû occuper plusieurs emplois différents : avocat ; dompteur de chiens plombier professeur de golf etc.
197. Ainsi, se présente la situation ; je n'ai ni amis ni parents ni conjoint.
198. Cet homme dont la capacité d'abstraction est phénoménale, se comporte envers autrui d'une façon aberrante mais, en dépit de cela on le considère comme un spécialiste des relations humaines.
199. L'un des enfants – le plus jeune évidemment – tenait à aller voir un film humoristique ; l'autre un film d'action [en compagnie d'au moins un parent (moi sans doute) comme le stipule la loi.
200. Il abandonne la course à pied ; son genou droit le fait trop souffrir.

5. *Comment améliorer un texte ?*

Cette partie regroupe des fiches à partir desquelles vous pouvez retravailler un texte. Elles vous donnent des façons d'alléger vos phrases ou vous incitent à vous poser certaines questions sur des problèmes liés davantage à la maladresse énonciative qu'à des erreurs proprement dites. Il s'agit de principes généraux et non pas de règles absolues. À cette étape de polissage des textes, les exigences rédactionnelles montent d'un cran.

« Avant d'écrire, exprimez oralement votre pensée comme si vous vous adressiez à un interlocuteur imaginaire. Que voulez-vous dire exactement ? »

Guide pratique de rédaction
Robert Besson

FICHE 51

Les termes incolores

Certains mots banals jaillissent spontanément sous la plume de tout un chacun. Pour ne pas nuire à sa fluidité (capacité à créer de nombreuses phrases), le rédacteur peut les laisser surgir au premier jet. Cependant, à la relecture, ce sont ces termes incolores qu'il changera. Dans la mesure du possible, il optera pour des verbes plus évocateurs que « avoir » (notamment « il y a »), « dire », « être », « faire », « mettre », « penser », « se trouver », « voir »; des adjectifs plus expressifs que « beau », « étrange », « grand »; des noms plus suggestifs que « affaire », « chose », « objet ». D'une part, il évitera les clichés ; d'autre part, il précisera sa pensée. La qualité d'écriture d'un texte repose en grande partie sur sa richesse lexicale.

« Ce site archéologique *a* de nombreux *objets*. »
« Ce site archéologique regorge de trésors. »

« Près de la cheminée, *il y avait* une *étrange* sculpture. »
« Près de la cheminée se dressait une énigmatique sculpture. »

« Il n'arrête pas de *dire* des *paroles bizarres*. »
« Il n'arrête pas de débiter des folies. »

« La maison *est* un lieu paisible et accueillant. »
« La maison se révèle un lieu paisible et accueillant. »

« Je vais *faire faire* ce travail par *un homme spécialisé dans la fabrication des meubles de luxe*. »
« Je vais confier ce travail à un ébéniste. »

« Il désire *mettre* un *beau* chapeau. »
« Il désire porter un chapeau excentrique. »

« Je *pense* que vous avez tort. »
« J'estime que vous avez tort. »

« Des traces de sang *se trouvaient* dans la pièce. »
« Des traces de sang maculaient la pièce. »

« Je vais *voir* l'exposition principale du Musée des beaux-arts de Sherbrooke. »
« Je vais visiter l'exposition principale du Musée des beaux-arts de Sherbrooke. »

Retenez qu'un verbe judicieusement choisi, en fonction du type de texte et du public visé, peut lancer la phrase vers des horizons esthétiques insoupçonnés.

Attention ! Voir les fiches 10 (incongruité synonymique), 14 (niveaux de langue), 15 (circonlocutions), 53 (poids des mots) et 71 (images douteuses).

Exercice

Améliorez les phrases suivantes en utilisant, entre autres, des mots plus expressifs que ceux mis en italique.

201. Lorsqu'il a appris la *mauvaise* nouvelle, *il a eu* un sanglot dans la gorge.
202. Ce *vieux* meuble *est* une antiquité hors de prix.
203. Soudain, je vois surgir devant moi deux horribles *apparitions surnaturelles de personnes mortes*.
204. Il *dit* avoir été enlevé par des extraterrestres.
205. La foule ressentit alors une *grande* émotion.

FICHE 52

La surenchère verbale

On a parfois tendance à accumuler les verbes là où un seul suffit. La suppression d'un semi-auxiliaire ou d'un verbe entier se révèle alors un procédé simple, efficace et peu « coûteux » pour rendre une phrase plus coulante. On peut, dans un but analogue, transformer un verbe en nom.

« Je *vais jouer* aux cartes bientôt. »
« Je jouerai bientôt aux cartes. »

« Elle *s'est* alors *mise à penser à réduire* ses dépenses. »
« Elle a alors envisagé la réduction de ses dépenses. »

On peut même, exceptionnellement, supprimer tous les verbes de la phrase, question de varier le style et d'éviter la monotonie.

« Bon, j'*arrête* de me *plaindre*. »
« Bon, trêve de pleurnicheries ! »

Exercice

Soulagez les phrases suivantes d'au moins un de leurs verbes.

206. J'irai bientôt rendre visite à mon médecin.
207. Je recommence à ressentir cette douleur au bras droit.
208. Je viens à peine de sortir de ce lieu infect et tu veux que j'y retourne ?
209. J'ai l'intention de me mettre à rédiger bientôt un autre roman.
210. Sors de mon champ visuel, fieffé menteur !

FICHE 53

Le poids des mots

Certains textes sont parfois d'une lourdeur à faire ployer un livreur de menhirs. Le rédacteur a tout intérêt à les alléger. Pourquoi ? Pour produire des textes plus concis, moins traînants, moins ampoulés ; pour accroître la densité et la force des idées ; pour créer un rythme plus rapide ; pour accentuer la clarté de l'expression. Le rédacteur retravaillera son texte le scalpel à la main !

• Procédés de la soustraction

a) **Élimination** des termes inutiles et redondants.
«*Ma voiture, elle* est *plus rapide*, *plus prompte*, *plus* performante, que celle de ma sœur. »
« Ma voiture est plus rapide et performante que celle de ma sœur. »

b) **Réduction** de syntagme ou d'expression.
«*D'une manière rapide et imprévue*, le chef du parti, *qui est* un politicien sérieux et dévoué, remit sa démission. »
« Soudain, le chef du parti, un politicien sérieux et dévoué, remit sa démission. »

En certaines occasions, un simple changement de type de phrase peut être à l'origine d'une grande économie de mots.

«*Il me faudrait trouver une façon de* lui faire comprendre qu'une plante carnivore doit manger tous les jours. »
« Comment lui faire comprendre qu'une plante carnivore doit manger tous les jours ? »

Faut-il le rappeler ? On évite de surcharger les textes d'ajectifs, d'adverbes et de compléments divers.

Attention ! Voir les fiches 15 (circonlocutions), 51 (termes incolores), 52 (surenchère verbale), 54 (phrases à tiroirs), 55 (répétitions), 56 (cacophonie), 58 (suppression des prépositions), 63 à 65 (suppression des subordonnées) et 67 (monotonie).

Exercice

Allégez les phrases suivantes.

211. Quand on pense simplement à la principale revendication de la Fédération X et qui visait l'égalité juridique des hommes et des femmes dès 1907.
212. À Titanicville, les soins palliatifs jouissent d'une réputation d'excellence qui dépasse largement les frontières et se retrouvent plusieurs années à l'avance de ce qui se fait habituellement dans la majorité des hôpitaux québécois, où ces soins sont dispensés par des équipes volantes.
213. Les fiançailles ont lieu à la fin des récits, alors que l'homme que l'héroïne aime la demande en mariage.
214. Il est disparu, il n'est plus de ce monde et il me manque, lui et son caractère ombrageux.
215. Si on en croit les données publiées sur cette auteure, on peut affirmer qu'elle a eu une carrière littéraire et journalistique très prolifique.

FICHE 54

Les phrases à tiroirs

Les compléments de noms et les prépositions en cascade de même que les propositions enchâssées alourdissent la phrase et mènent à des constructions inutilement compliquées. Le rédacteur veillera à ne pas en abuser.

« Le chien *de* la femme *du* voisin *de* l'ami *de* ma mère aboie sans arrêt. »
« Un ami a affirmé à ma mère que le chien de sa voisine aboie sans arrêt. »

« Quant à l'ours, *parce qu'il* avait défiguré la personne *avec qui tu* partages ton appartement, je sais *qu'une chasseuse qui* travaille comme garde-chasse l'a tué. »
« L'ours a été tué par une garde-chasse, parce qu'il avait défiguré ton colocataire. »

Parfois, la meilleure solution consiste à scinder la phrase en deux ou tout simplement à en concevoir une nouvelle.

Attention ! Voir les fiches 53 (poids des mots), 56 (cacophonie), 58 (suppression des prépositions) et 63 à 65 (suppression des subordonnées).

Exercice

Décapez les phrases suivantes.

216. L'homme que j'ai croisé hier, et dont la femme travaille comme pigiste pour une nouvelle compagnie qui œuvre dans le domaine de la publicité, qui est, comme chacun sait, un secteur en pleine expansion, m'invite à souper chez lui, samedi prochain.

217. Le cousin de la fesse gauche du chanteur le plus populaire de la région de l'Estrie demeure en face de chez moi.
218. Puisque mes confessions ne sont pour toi que des mensonges éhontés, et comme tu sembles plus fermée qu'une huître, je me vois dans l'obligation de partir, quoique je sache au fond de moi que tu m'aimes encore un peu et que c'est toi qui, bientôt, me supplieras de revenir.
219. Aucune logique ne vient à bout de la peine d'une mère de ne pas rejoindre le cœur de son enfant ni de la joie immense lorsque, au terme de multiples stratagèmes, elle arrive à le serrer contre elle et qu'il sente l'amour en dépit et contre toute raison.
220. Cher fils, je ne vois pas, sous ton lit, l'ombre de la trace du bout de la queue de la bête de tes cauchemars.

FICHE 55

À propos des répétitions

Lorsqu'elle est intentionnelle, la répétition, fréquente dans les textes littéraires, peut être source de plaisir esthétique. Elle n'est cependant pas facile à manier.
Généralement, la répétition est déplaisante pour la vue et l'oreille, elle dénote aussi un style négligé et une pauvreté d'expression. Elle origine souvent d'une mauvaise conception du texte (par exemple, le rédacteur n'a pas tout dit à propos d'un élément vu antérieurement ou il oscille constamment entre deux idées). Une fois que l'on a repéré des répétitions dans son texte (c'est peut-être la tâche la plus ardue !), on peut y remédier de multiples façons.

a) En supprimant tout simplement les termes répétitifs.
« L'enfant marche *sur le trottoir*, saute *sur le trottoir*, puis court *sur le trottoir*. »
« L'enfant marche, saute, puis court sur le trottoir. »

b) En employant un synonyme (même si aucun mot n'est vraiment le synonyme d'un autre).
«*L'automobile* de l'organisateur du Salon de *l'automobile* sera exposée dans la section des *automobiles* anciennes. »
« La voiture de l'organisateur du Salon de l'automobile sera exposée dans la section des Belles d'autrefois. »

c) Par le procédé de la pronominalisation, qui consiste à remplacer un nom par un pronom personnel ou démonstratif.
« L'hirondelle tournoie *dans le ciel* et dessine de curieux hiéroglyphes *dans le ciel*. »
« L'hirondelle tournoie dans le ciel et y dessine de curieux hiéroglyphes. »

d) En changeant la structure de la phrase.
« Dans la rue, en cette soirée de l'Halloween, on croisait des *vampires* mâles, des *vampires* femelles, des *vampires* sinistres, des *vampires* rigolos, des *vampires* classiques, des *vampires* avant-gardistes. »

« Dans la rue, en cette soirée de l'Halloween, on croisait une grande variété de vampires : des mâles et des femelles, des sinistres et des rigolos, des classiques et des avant-gardistes. »

e) Plutôt que de changer le mot, on le conserve en lui donnant plus de visibilité grâce à un déterminant possessif ou démonstratif.
« L'homme fit preuve *d'ingéniosité*, d'une *ingéniosité* qui surgit dans les moments les plus inattendus. »
« L'homme fit preuve d'ingéniosité, de cette ingéniosité qui surgit dans les moments les plus inattendus. »

f) En utilisant une proposition relative.
« L'actrice acheta un sinistre *château*. Ce *château*, selon la légende, avait jadis servi de repaire à un comte sanguinaire. »
« L'actrice acheta un sinistre château qui, selon la légende, avait jadis servi de repaire à un comte sanguinaire. »

Si la clarté l'exige et qu'il n'existe pas de synonyme adéquat, le rédacteur est en droit de répéter le même mot, notamment les termes qui appartiennent aux domaines technique et scientifique.

Attention ! Voir les fiches 10 (incongruité synonymique), 21 (pronoms relatifs), 22 (lequel), 23 (dont), 53 (poids des mots) et 63 (suppression des relatives).

Exercice

Corrigez les phrases suivantes.

221. Ce loup-garou se moque des règles les plus élémentaires du savoir-vivre, des règles que nous avons pourtant mis des siècles à développer. *[employez un déterminant démonstratif]*

222. Je trouve qu'il n'y a pas de mal à se retrouver entre amis, peu importe l'endroit où l'on se trouve.

223. Durant mon adolescence, je suis allé voir, avec mon meilleur copain, des films d'horreur, des films d'amour, des films d'action, des films de série B, des films d'auteurs, etc. *[employez une nouvelle structure de phrase]*.

224. Quand j'étais jeune, je montais à cheval ; j'ai aussi participé à de nombreux concours de chevaux et j'ai même possédé mon propre cheval.

225. Les coquillages offerts librement sur la plage constituent, pour les touristes qui se promènent sur la plage, une aubaine à ne pas rater. *[employez la pronominalisation]*

FICHE 56

La cacophonie

Pour s'assurer que les sonorités d'une phrase sont heureuses (gracieuses), que voyelles et consonnes se succèdent avec harmonie, le rédacteur ne possède pas de meilleur moyen que de la lire à haute voix. Il se rendra ainsi mieux compte de sa musicalité. Voici quelques mises en garde.

Le rédacteur se méfiera des hiatus (rencontre désagréable de deux voyelles) et des allitérations (répétition des mêmes sons au début de plusieurs mots). De même, il s'abstiendra d'utiliser des homophones trop près l'un de l'autre.

« Hermann *vit* pour la première fois de sa *vie* un vrai pirate. »
« Hermann aperçut pour la première fois de sa vie un vrai pirate. »

Il évitera évidemment les cascades de participes présents et de longs adverbes en «–ment», de même que les suites sonores identiques (notamment les mots en «–ion», «–ité», «–ent»), qui alourdissent la phrase.

«*Lentement*, il se décide pour*tant* à avancer, se *répétant*: "Quand on veut, on peut."»
« Malgré tout, il se décide à avancer en se répétant : "Quand on veut, on peut."»

Il portera une attention toute particulière à l'artillerie lourde des pronoms relatifs ou des conjonctions de subordination.

«*Que* ceux *qui* croient *que* le sort en est jeté sortent de ma vue ! »
« Que les défaitistes sortent de ma vue ! »

Enfin, une série de mots d'une syllabe peut importuner l'oreille attentive.

«*Je ne sais pas si je vais* vivre encore longtemps. »
« J'ignore si je vivrai encore longtemps. »

• On ou l'on ?

Le bon sens et une bonne oreille sont les premiers critères à considérer dans le choix de « on » ou « l'on ». Pour éviter un hiatus, comme dans « si on veut », on écrira « si l'on veut ». Parfois, cependant, l'environnement sonore nous amène à faire un tout autre choix. Pour contrer l'effet loufoque de « le témoin qu'on convoque », il est préférable d'écrire « le témoin que l'on convoque ». Inversement, plutôt que d'écrire « si l'on l'allonge », on préférera « si on l'allonge ».

Attention ! Voir les fiches 53 (poids des mots), 57 (incongruité visuelle) et 63 (suppression des relatives).

Exercice

Supprimez les maladresses sonores ou rythmiques dans les phrases suivantes.

226. Qu'on conteste constamment la configuration des constellations me consterne.
227. J'ai envie de faire rien que ce qui me plaît quand ça me plaît quand bien même mes proches en pâtiraient quand je le fais.
228. Sais-tu que, si tu ris de mon nez, tu me fais du mal ?
229. Si l'on longe la grève, en regardant minutieusement les enfants qui se promènent en courant dans les vagues de l'océan, on savourera, pendant quelques instants, le bonheur à l'état pur.
230. En fait, voilà tout l'effet que cela me fait, c'est-à-dire absolument rien !

FICHE 57

De l'incongruité visuelle

Parfois deux mots identiques se suivent ou se trouvent si proches l'un de l'autre qu'ils produisent un malaise visuel ou génèrent un effet ludique non voulu (à l'exception, bien entendu, de la conjugaison pronominale, par exemple, « nous nous sommes aimés »). Même s'il n'en résulte pas toujours une suite de sons ridicules, le rédacteur, qui cherche à éviter tous les irritants potentiels dans ses écrits, prendra la peine de supprimer ces incongruités visuelles.

« Tel un miroir impitoyable, le lac devant *lui lui* rappelle le crime affreux qu'il vient de commettre. »

« Tel un miroir impitoyable, le lac lui rappelle le crime affreux qu'il vient de commettre. »

Et si l'on veut pousser plus loin la réécriture...

« Le lac, tel un miroir impitoyable, lui jette en plein visage l'horreur de son crime. »

Attention ! Voir la fiche 56 sur la cacophonie.

Exercice

Supprimez les maladresses visuelles dans les phrases suivantes.

231. Mon voisin a haï les haies toute sa vie.
232. De profil, son fils ressemble à un acteur bien connu.
233. As-tu des dés à me prêter ?
234. Je suis suivi par des souris.
235. Serait-il immonde de demander aux campeurs de ramasser leurs déchets ?

FICHE 58

La suppression des prépositions

Le rédacteur doit prendre garde à ne pas répéter indûment la même préposition dans une phrase, afin d'en préserver la musicalité et le rythme. Dans certains cas, les modifications à apporter sont plutôt simples.

« *À* la fin du mois de mars, les étudiants songent *à* leur travail d'été. »
« Dès la fin mars, les étudiants songent à leur travail d'été. »

Dans le but d'obtenir, à peu de prix, plus d'élégance et d'originalité, le rédacteur peut choisir de transformer une phrase qui ne contient qu'une préposition. Il suffit, par exemple, de convertir le nom précédé d'une préposition en tête de phrase en sujet et d'opter pour un nouveau verbe.

« *Dans ce magazine*, vous trouverez des exemples de publicités sexistes. »
« Ce magazine contient de nombreux exemples de publicités sexistes. »

On peut de la même façon supprimer des sujets indéfinis ou impersonnels.

« *De cet échec, on* peut tirer la leçon suivante. »
« Cet échec nous permet de tirer la leçon suivante. »

Attention ! Voir les fiches 18 (prépositions) et 60 (suppression des tournures impersonnelles).

Exercice

Supprimez quelques prépositions dans les phrases suivantes.

236. De l'endroit où il se tenait, Pierre ne se doutait pas encore de l'effet de dévastation de la pluie sur sa terre d'érables à sucre.
237. Dans cette exposition, on fait appel directement à notre imaginaire.
238. Les policiers séviront sur-le-champ contre tous les contrevenants, qui devront par la suite se battre contre la machine administrative pour faire valoir leurs droits.
239. Sous l'effet de l'alcool, certaines personnes roulent parfois sous la table.
240. Dans les sociétés dites primitives, il y avait dans les rituels une préparation des participants, par des chants et des danses frénétiques, qui entraient par la suite en transe.

FICHE 59

La suppression des démonstratifs

Les pronoms démonstratifs (« ceci », « cela », « et ce », etc.) brisent généralement le rythme d'une phrase, alourdissent un texte et ne précisent guère la pensée. On les emploiera le moins souvent possible. Il suffit parfois de les remplacer par un groupe adjectif ou par un déterminant démonstratif et un nom.

« Catherine possède une grande culture, *et ce*, sur plusieurs sujets artistiques et scientifiques. »
« Catherine possède une culture artistique et scientifique très étendue. »

« Chaque matin, il plongeait dans le lac, *et cela* se poursuivait jusqu'à la mi-octobre. »
« Chaque matin, il plongeait dans le lac, et ce rituel se poursuivait jusqu'à la mi-octobre. »

Les mises en relief par « c'est... que » sont aussi à employer au compte-gouttes. Bien souvent, on biffe le « c'est » et le « que », et la phrase s'en porte nettement mieux.
Notons que la lourde expression « et ce » est toujours placée entre deux virgules.

L'accumulation des déterminants démonstratifs (« ce », « cet », « cette » et « ces ») dans une phrase, un paragraphe, une page nuisent aussi à la fluidité de l'écriture. Et quelqu'un qui est atteint de « démonstratite » ne lésine habituellement pas à déparer ses textes de déterminants et de pronoms démonstratifs… Un peu de retenue, s'il vous plaît !

Attention ! Voir les fiches 49 (virgule), 53 (poids des mots) et 69 (mise en relief).

Exercice

Supprimez les pronoms démonstratifs dans les phrases suivantes.

241. « C'est parce que j'ai peur que je ne veux plus redescendre », disait un matou, perché sur un poteau de téléphone.
242. J'ignore qui a créé le monde, et cela me préoccupe depuis de nombreuses années.
243. Je vous répondrai que c'est la perte de mon chien qui me rend inconsolable.
244. Cela exige que nous réagissions et que nous prenions les mesures nécessaires, et ce, d'autant plus qu'une accusation de conflit d'intérêts nous pend au bout du nez.
245. Personne parmi le public ne savait que la chanteuse avait un grave problème de santé. Un médecin se leva et vint en aide à celle-ci.

FICHE 60

La suppression des tournures impersonnelles

Plus souvent qu'autrement, les tournures impersonnelles alourdissent un texte, en affectent le rythme et retardent l'énoncé du véritable enjeu de la phrase. Comme elles maintiennent dans l'ombre le sujet réel du verbe, elles peuvent entraîner une certaine confusion ou ambiguïté. En les supprimant, le rédacteur ajoute de la vivacité à son texte, précise sa pensée et réduit le risque d'une mauvaise interprétation. Le rédacteur n'aura souvent qu'à réintroduire le « sujet réel » dans la proposition.

« Les entreprises de presse se faisant une rude concurrence, *il leur est* parfois tentant d'adapter le contenu de leurs articles aux besoins de leurs annonceurs. »
« Les entreprises de presse se faisant une rude concurrence, elles sont parfois tentées d'adapter le contenu de leurs articles aux besoins de leurs annonceurs. »

« *Il est écrit* dans le journal qu'*il y a eu* aveu de la part du principal suspect concernant cette affaire. »
« Le journal soutient que le principal suspect a reconnu sa culpabilité dans cette affaire. »

Le rédacteur aura soin d'éviter les « il est clair que... », « il va sans dire que... », « il devient facile de se demander... » et autres tournures alambiquées qui n'apportent bien souvent aucune information pertinente.

Exercice

Supprimez les tournures impersonnelles dans les phrases suivantes.

246. Tous les économistes sérieux le disent : il est indéniable que les emprunteurs ont intérêt à rembourser leurs dettes le plus rapidement possible.
247. Pourquoi faut-il qu'il soit essentiel que vous participiez à ce congrès ?
248. Il est évident qu'il y a des célébrités qui n'aiment pas leur corps.
249. C'est en ce sens qu'il est vrai d'affirmer que cette entreprise est privilégiée de pouvoir compter sur une personne aussi dévouée que vous.
250. Y en a-t-il qui pensent qu'il est nécessaire parfois de cacher la vérité ?

FICHE 61

Par quoi remplacer les adverbes ?

Les adverbes pullulent dans les textes de certains étudiants. Pour que les adverbes « indispensables » frappent fort et juste, on évitera de les noyer dans un lac adverbial insipide. Voici différentes façons de remplacer un adverbe tout en conservant la même idée.

• Les adverbes de quantité

Ces adverbes peuvent être remplacés par :

a) un nom,
   « Je me demande *combien* coûte cette voiture sport. »
   « Je me demande le prix de cette voiture sport. »

b) un adjectif,
   « Voilà un enfant qui commet *beaucoup de* gaffes. »
   « Voilà un enfant maladroit. »

c) un verbe.
   « Je sais *combien* vous êtes compétent. »
   « Je reconnais votre compétence. »

• Les adverbes marquant le superlatif

Ces adverbes peuvent être changés pour un adjectif correspondant de même sens.
« Voilà un événement *très curieux*. »
« Voilà un événement insolite. »

• Les adverbes de manière

Un grand nombre de solutions s'offrent au rédacteur. Voici les principales. On peut :

a) remplacer un verbe accompagné d'un adverbe se terminant par « –ment » par un autre verbe qui exprimera la même idée ;
« La souris *marchait rapidement à petits pas*. »
« La souris trottait. »

b) remplacer l'adverbe par un adjectif à condition que le verbe modifié par l'adverbe puisse être nominalisé (c'est-à-dire changé en nom) ;
« Après avoir *vigoureusement nettoyé* l'écurie, le palefrenier fit une pause. »
« Après un vigoureux nettoyage de l'écurie, le palefrenier fit une pause. »

c) remplacer un verbe accompagné d'un adverbe se terminant par « –ment » par deux autres verbes qui exprimeront la même idée (le verbe de la phrase initiale sera conjugué à l'infinitif) ;
« *Vraisemblablement*, ce joueur *manque* de souffle. »
« Ce joueur semble manquer de souffle. »

d) substituer au verbe modifié par un adverbe un nouveau verbe suivi d'un complément (l'adverbe se transformera en adjectif et se rapportera au complément) ;
« Il *sourit inopinément* à la pimbêche. »
« Il lança à la pimbêche un sourire inopiné. »

e) utiliser un nom correspondant à l'adverbe (avec ou sans préposition) ;
« Il buvait *lentement* son verre de rouge. »
« Il buvait son verre de rouge avec lenteur. »

f) utiliser un nom et un adjectif correspondant à l'adverbe.
« Cet enfant réagit *bizarrement*. »
« Cet enfant réagit de manière bizarre. »

• Les adverbes de négation

Lorsqu'une formulation positive est possible, sans changement de sens ou de nuance trop marqué, le rédacteur préférera la tournure positive à la tournure négative.
« *Je ne supporte pas* cet imposteur. »
« Je déteste cet imposteur. »

Attention ! La tournure négative a parfois valeur d'atténuation : « il n'est pas beau » n'a pas le même sens que « il est laid ». Le rédacteur doit évaluer si le gain obtenu par la suppression de la forme négative compense la perte de sens qui en découle.

Attention ! Voir les fiches 49 (virgule) et 52 (surenchère verbale).

Exercice

Supprimez les adverbes dans les phrases suivantes.

251. Ce pseudo-journaliste a tenu des propos très irrespectueux à l'égard des fonctionnaires. *[employez un adjectif correspondant de même sens]*
252. Je ne peux pas sentir les personnes dénuées d'esprit d'initiative. *[employez une tournure positive]*
253. Il lisait avidement tout ce qui lui tombait sous la main. *[employez un autre verbe]*
254. Après avoir nié catégoriquement les faits, le suspect appela son avocat. *[remplacez l'adverbe par un adjectif et le verbe par un nom]*
255. J'ignore pourquoi il est parti à Paris. *[employez un nom]*

FICHE 62

Comment éviter les participes présents ?

La surmultiplication des participes présents est un fléau qui entache de nombreux textes. On ne doit pas pour autant se priver de ce procédé syntaxique, mais en faire un usage modéré. Le rédacteur veillera à ne pas substituer au participe présent une forme plus lourde ou déjà présente dans l'environnement textuel. Le participe présent étant lui-même un procédé de substitution pour les propositions relatives et circonstancielles, le rédacteur doit s'assurer qu'il fait un usage équilibré de tous ces outils. Retenons comme principe de base qu'un trop grand nombre de formes textuelles semblables alourdit passablement un texte.
On peut donc remplacer un participe présent par :

a) une préposition + un nom ;
« *En m'entraînant* davantage, je deviendrai un meilleur golfeur. »
« À force d'entraînement, je deviendrai un meilleur golfeur. »

b) un nom en apposition ;
« Cette recherche sur les fourmis, *ayant nécessité* un travail d'équipe considérable, marquera à jamais le domaine de l'entomologie. »
« Cette recherche sur les fourmis, résultat d'un travail d'équipe considérable, marquera à jamais le domaine de l'entomologie. »

c) un nom sujet du verbe principal ;
«*En faisant ce travail*, j'ai découvert une nouvelle passion. »
« Ce travail m'a fait découvrir une nouvelle passion. »

d) l'emploi d'un participe passé ;
«*Ayant réglé* ce problème, Jules put passer à autre chose. »
« Soulagé de ce problème, Jules put passer à autre chose. »

e) par un infinitif, précédé parfois de « à » ou de « sans »;
« Je vois le ciel *s'assombrissant* rapidement. »
« Je vois le ciel s'assombrir rapidement. »
« *En tondant* la pelouse, Pierre fait un peu d'exercice. »
« Pierre fait un peu d'exercice à tondre la pelouse. »
« Élisabeth quitta la réception, ne *disant* pas un mot. »
« Élisabeth quitta la réception sans dire un mot. »

f) un complément à valeur descriptive si le participe présent évoque un geste, une attitude, un comportement ;
« Il vociférait contre Dieu *en pointant* le doigt au ciel. »
« Il vociférait contre Dieu, le doigt pointé vers le ciel. »

g) une proposition relative ;
« *Flairant* le piège, Yvonne déclina l'offre. »
« Yvonne, qui flairait le piège, déclina l'offre. »

h) une proposition circonstancielle ;
« *Pleurant* à chaudes larmes, René dut interrompre son discours. »
« Comme il pleurait à chaudes larmes, René dut interrompre son discours. »

i) deux indépendantes coordonnées ;
« *Ayant* obtenu son baccalauréat, cette étudiante organisa une grande fête. »
« Cette étudiante obtint son baccalauréat et organisa une grande fête. »

j) deux indépendantes juxtaposées.
« Ma mère *insistant* pour que je me couche tôt, je dois rentrer à la maison. »
« Je dois rentrer à la maison : ma mère insiste pour que je me couche tôt. »
OU
« Je dois rentrer à la maison ; ma mère insiste en effet pour que je me couche tôt. »

Attention ! À moins de chercher à produire un effet rythmique particulier, le rédacteur évitera de placer deux participes présents dans la même phrase, surtout si elle est courte. Peut être considérée comme une exception à ce principe la présence d'un second participe présent dans une citation.

Exercice

Supprimez les participes présents dans les phrases suivantes.

Cet homme trébucha et se foula

256. En trébuchant contre cette branche, il s'est foulé la cheville. *[employez deux indépendantes coordonnées]*
257. En insérant de petites boules de cire dans ses oreilles, cet artiste avait le sentiment de retrouver la quiétude prénatale. *[employez une préposition + un nom]*
258. Ce vieil homme se promenait toujours en courbant légèrement les épaules. *[employez un complément à valeur descriptive]*
259. Ayant déployé tant d'efforts, Juliette s'est effondrée au fil d'arrivée. *[employez le participe passé d'un autre verbe]*
260. En faisant de l'exercice physique, je sens mon énergie décupler. *[employez un nom en position sujet]*

FICHE 63

Comment éviter les relatives ?

On peut remplacer la relative par :

a) un adjectif ou un adjectif + un complément ;
« Donne-moi la pomme *qui est verte.* »
« Donne-moi la pomme verte. »
« Voilà un être *qui se soucie seulement d'argent et de profits.* »
« Voilà un être soucieux seulement d'argent et de profits. »
Ces transformations sont toujours possibles lorsque le verbe de la proposition est « être ».

b) un nom ou un nom + un complément ;
« Yvonne, *qui adore jouer des tours*, se spécialise dans les blagues de mauvais goût. »
« Yvonne, cette espiègle, se spécialise dans les blagues de mauvais goût. »
« Je discute avec la femme *qui défend les enfants pauvres.* »
« Je discute avec la protectrice des enfants pauvres. »

c) un participe suivi d'un complément ;
« C'était un homme *qui avait un tic étrange.* »
« C'était un homme affligé d'un tic étrange. »

d) une préposition suivie d'un nom ;
« C'était une divinité *qui possédait une grande sagesse.* »
« C'était une divinité de grande sagesse. »
« Pierrette a commis la gaffe *qui a causé cet imbroglio.* »
« Pierrette a commis la gaffe à l'origine de cet imbroglio. »

e) un déterminant possessif ;
« Les exploits *que vous avez accomplis* relèvent presque de la science-fiction. »
« Vos exploits relèvent presque de la science-fiction. »

f) un infinitif ;

« Avant d'acheter cette vieille maison, pensez aux rénovations *que vous devrez entreprendre*. »

« Avant d'acheter cette vieille maison, pensez aux rénovations à entreprendre. »

g) par deux indépendantes seules, coordonnées ou juxtaposées ;

« Entends-tu le chant de la rivière *qui se plaint de ton absence* ? »

« Entends-tu le chant de la rivière ? Elle se plaint de ton absence. »

« J'ai vu ta sœur, *qui m'a donné rendez-vous au cinéma demain*. »

« J'ai vu ta sœur, et elle m'a donné rendez-vous au cinéma demain. »

OU

« J'ai vu ta sœur ; elle m'a donné rendez-vous au cinéma demain. »

h) par une proposition circonstancielle ou participiale.

« La campagne publicitaire, *qui avait fait l'objet d'une longue préparation*, n'a pas atteint les résultats escomptés. »

« Bien qu'elle ait fait l'objet d'une longue préparation, la campagne publicitaire n'a pas atteint les résultats escomptés. »

« Ce fauteuil ancien, *que le menuisier a réparé*, me permettra de calmer et d'endormir les nouveau-nés les plus récalcitrants. »

« Le menuisier ayant réparé ce fauteuil ancien, je pourrai calmer et endormir les nouveau-nés les plus récalcitrants. »

Attention ! Voir les fiches 49 (virgule) et 62 (suppression des participes présents).

Exercice

Supprimez les propositions relatives dans les phrases suivantes.

261. Pourrais-je acheter un cheval dont le prix ne serait pas trop élevé ? *[employez une préposition suivie d'un nom et d'un adjectif]*

262. Je n'ai jamais vu d'alligator qui portait des boucles d'oreilles en or. *[employez un infinitif]*

263. Nous avons été réprimandés à cause des revendications que nous avions exprimées. *[employez un déterminant possessif]*

264. Louis, qui adore le hockey, n'a pourtant jamais chaussé de patins. *[employez un nom + un complément]*

265. Cet ordinateur, qui avait coûté une petite fortune, ne me rend que de piètres services. *[employez une proposition circonstancielle]*

FICHE 64

Comment éviter les complétives ?

On peut remplacer une proposition complétive par :

a) un nom ou une expression nominale ;
« Je souhaite *qu'il guérisse dans peu de temps.* »
« Je souhaite sa guérison rapide. »

b) un infinitif ;
« Maman permet *que nous mangions des friandises.* »
« Maman nous permet de manger des friandises. »

c) un pronom *[à condition que le contexte le permette]*;
« Je sais *qu'elle est bouleversée.* »
« Je la sais bouleversée. »

d) l'emploi d'une préposition suivie d'un nom correspondant au verbe d'opinion ou au verbe de déclaration ;
« Je crois *qu'il va devoir s'excuser.* »
« À mon avis, il va devoir s'excuser. »
« Le directeur des communications a reconnu *que cet employé a fait preuve d'incompétence dans ce dossier.* »
« Selon le directeur des communications, cet employé a fait preuve d'incompétence dans ce dossier. »

e) l'emploi d'un nouveau verbe déclaratif qui permet de transformer en nom le verbe de la proposition subordonnée ;
« Il affirme *que le gouvernement est corrompu.* »
« Il accuse le gouvernement de corruption. »

f) une indépendante juxtaposée (trois scénarios sont possibles) :

1) le recours à la forme déclarative + la mise en incise du verbe ;
« Je crois *qu'il va devoir s'excuser.* »
« Il va devoir s'excuser, je crois. »
2) le recours à la forme impérative + la mise en incise du verbe ;
« J'exige *que vous me remettiez les travaux à temps.* »
« Remettez-moi les travaux à temps, je l'exige. »
3) le recours à la forme interrogative + l'inversion du verbe.
« Je ne crois pas *qu'Yvon soit infidèle.* »
« Yvon serait infidèle ? je ne le crois pas. »

Exercice

Supprimez les subordonnées complétives dans les phrases suivantes.

266. Le journaliste estime que les performances de cet athlète dépassent les attentes de son entraîneur. *[employez un adjectif suivi d'un complément]*
267. Je doute que le suspect se promène encore en ville. *[employez la forme interrogative]*
268. Je souhaite, tout autant que vous, que les otages soient libérés rapidement. *[employez un nom]*
269. Je trouve que l'influence des gourous sur les personnes vulnérables est très regrettable. *[employez un verbe]*
270. Une source fiable a affirmé que le président de la compagnie entretient des liens étroits avec certains groupes criminalisés. *[employez une préposition suivie d'un nom]*

FICHE 65

Comment éviter les circonstancielles ?

On peut remplacer une proposition circonstancielle par :

a) un substantif sujet ou complément ;
« *Parce que tu es tombé de cheval*, tu t'es senti blessé dans ton orgueil. »
« Ta chute de cheval a blessé ton orgueil. »
« Nos frustrations quotidiennes nous hantent *lorsque nous rêvons*. »
« Nos frustrations quotidiennes hantent nos rêves. »

b) une préposition + nom complément (expression nominale) ;
« *Bien qu'il soit énorme*, cet animal se déplace avec rapidité. »
« Malgré sa grosseur, cet animal se déplace avec rapidité. »

c) une préposition + verbe à l'infinitif ;
« Travaillez *de façon que votre employeur soit satisfait*. »
« Travaillez de façon à satisfaire votre employeur. »

d) un adjectif ou un participe passé (éventuellement suivi de compléments) ;
« *Parce qu'il est soucieux de son avenir*, ce jeune homme poursuit ses études avec sérieux. »
« Soucieux de son avenir, ce jeune homme poursuit ses études avec sérieux. »
« *Lorsque le jour fut venu*, Yvon partit à la retraite. »
« Le jour venu, Yvon partit à la retraite. »

e) un participe présent (précédé ou non de « en ») ou une proposition participiale ;
« Sylvie est heureuse *lorsqu'elle joue au golf*. »
« Sylvie est heureuse en jouant au golf. »
« *Lorsqu'il a pressenti le danger*, l'animal a bondi hors du chemin. »
« Pressentant le danger, l'animal a bondi hors du chemin. »
« *Parce que le pilote a eu un malaise soudain*, l'avion n'a pu décoller à l'heure prévue. »
« Le pilote ayant eu un malaise soudain, l'avion n'a pu décoller à l'heure prévue. »

f) une tournure impérative ;
« *Quand tu le lui auras demandé*, il te répondra aussitôt. »
« Demande-le-lui, il te répondra aussitôt. »

g) une tournure exclamative (style plutôt littéraire) ;
« Son arrogance est *telle qu'il vous a accusé de trahison.* »
« Il vous a accusé de trahison : quelle arrogance ! »

h) une proposition relative explicative ;
« Ce film multiplie *tellement* les effets spéciaux *que les spectateurs en ont mal à la tête.* »
« Ce film, qui multiplie les effets spéciaux, cause des maux de tête aux spectateurs. »

i) une indépendante (coordonnée ou juxtaposée).
« Il viendra *parce qu'il tient toujours parole.* »
« Il viendra, car il tient toujours parole »
OU
« Il viendra : il tient toujours parole. »

Attention ! Voir les fiches 49 (virgule) et 62 (suppression des participes présents).

Exercice

Supprimez les subordonnées circonstancielles dans les phrases suivantes.

271. Puisque votre éditeur a fait faillite, vos livres ne sont plus disponibles en librairie. *[employez une proposition participiale]*
272. Quoiqu'il soit gentil envers ses camarades, cet enfant joue souvent seul. *[employez une préposition + un nom]*
273. Nous avons remporté le championnat provincial, parce que nous avons fourni des efforts constants. *[employez un substantif sujet]*
274. Ce politicien accumule les gaffes à un point tel que son entourage ne lui fait plus confiance. *[employez une relative explicative]*
275. Le manque de savoir-vivre de cet enfant est tel qu'il vous a craché au visage. *[employez une tournure exclamative]*

Comment éviter la tournure passive ?

L'usage des tournures passives n'est pas à proscrire à tout prix, mais le rédacteur doit y avoir recours parcimonieusement, de façon efficace et appropriée. Il est assez simple de mettre la phrase à l'actif par une permutation des fonctions (le complément d'agent devient le nouveau sujet et l'ancien sujet, le complément direct ou indirect du verbe) et la suppression de l'auxiliaire être. On propose alors au lecteur un tout autre regard sur les « acteurs » de la phrase. Voici des procédés qui permettent d'éviter la tournure passive tout en conservant le même sujet.

a) Emploi du verbe symétrique, c'est-à-dire de même sens, mais renversant les rôles.
« *De nombreuses fraudes ont été attribuées* à ces banquiers. »
« De nombreuses fraudes ont discrédité ces banquiers. »

b) Utilisation de verbes tels que « attirer », « céder », « encourir », « entrer », « essuyer », « passer », « porter », « recevoir », « recueillir », « rencontrer », « soutenir », « subir », « supporter », « tomber », « trouver ».
« *Cette équipe a été marquée* par les nombreux revers. »
« Cette équipe a essuyé de nombreux revers. »

c) On garde le participe, mais on remplace « être » par un verbe intransitif ou réfléchi.
« *Elle a été empoisonnée.* »
« Elle a péri empoisonnée. »

d) On conserve « être », mais on remplace le participe par un nom.
« *L'insecte a été dévoré* par l'épervier. »
« L'insecte a été la proie de l'épervier. »

e) Le verbe passif est à l'infinitif ou dans une subordonnée : le remplacement se fait grâce à un nom abstrait pris au sens passif.

« Il craignait *que son scénario soit rejeté*. »
« Il craignait le rejet de son scénario. »

Exercice

Supprimez les tournures passives dans les phrases suivantes.

276. Ce chanteur populaire a été applaudi à tout rompre. *[employez un des verbes de la liste b)]*
277. Certains romanciers appréhendent que leurs œuvres soient censurées. *[employez un nom abstrait pris au sens passif]*
278. Cette personne a été malmenée par le destin. *[employez un nom]*
279. La victime a été défigurée dans ce sérieux accident. *[employez un verbe intransitif]*
280. Des accusations de plagiat ont été lancées contre ce romancier. *[employez un verbe symétrique]*

FICHE 67

Comment éviter la monotonie phrastique ?

Une phrase peut être déclarative, interrogative, exclamative ou impérative. Le rédacteur est fortement encouragé à recourir à tous ces types de phrases dans un texte, même si, évidemment, les phrases déclaratives seront toujours plus nombreuses. Une interrogation, une exclamation et un ordre, placés au bon endroit, permettent d'éviter une certaine uniformité lassante et de raviver un texte.

« Il se promène souvent en contemplant les étoiles. » *[phrase déclarative]*
« Se promène-t-il souvent en contemplant les étoiles ? » *[phrase interrogative]*
« Il se promène souvent en contemplant les étoiles ! » *[phrase exclamative]*
« Promène-toi en contemplant les étoiles. » *[phrase impérative]*

Une phrase peut emprunter également plusieurs formes : affirmative / négative, active / passive.

« Il se promène souvent en contemplant les étoiles. » *[forme affirmative]*
« Il ne se promène pas souvent en contemplant les étoiles. » *[forme négative]*
« La policière a capturé le bandit. » *[forme active]*
« Le bandit a été capturé par la policière. » *[forme passive]*

Le rédacteur tentera aussi de varier la forme de ses phrases, quoique les formes affirmative et active, celles que l'on remarque le moins, reviennent toujours plus fréquemment.
Il n'existe pas de formule mathématique précise ni de règle stricte concernant l'utilisation des types et formes de phrases. Des études ont clamé peut-être un peu vite que la longueur des phrases ne devait pas dépasser en moyenne une quinzaine de mots. Tout dépend de votre habileté langagière, du type de texte que vous avez à écrire, de votre public cible, etc. Une variation dans la longueur des phrases d'un texte semble une bonne façon d'éviter la monotonie. Le rédacteur dispose aussi d'autres ressources langagières pour peaufiner son texte, tels

l'accumulation d'éléments pour renforcer une idée ou l'emploi de tournures elliptiques pour aviver l'action. C'est à lui de trouver la structure appropriée qui mettra en valeur ses idées et sa créativité.

Exercice

Transformez les phrases suivantes.

281. La jeunesse d'aujourd'hui est nettement plus dégourdie que celle d'hier. *[en phrase interrogative]*
282. Tu dois choisir un emploi en fonction de tes passions. *[en phrase impérative]*
283. Le marsupilami est un animal domestique comme les autres. *[en phrase négative]*
284. La souris a apeuré l'éléphant. *[en phrase passive]*
285. Ma voisine a été une vedette du petit écran. *[en phrase exclamative]*

Comment éviter les phrases creuses ?

Le lecteur s'attend à ce que toute phrase, en plus de véhiculer un contenu informatif intéressant, soit bien construite. On ne devrait pas pouvoir changer ni supprimer le moindre mot d'une phrase sans en altérer le sens, sans la défigurer. Tel n'est cependant pas toujours le cas.
Lorsque le contenu informatif d'une phrase est faible (il pourrait, par exemple, être réduit à une simple apposition), le rédacteur devrait l'incorporer à une autre phrase.

« *Stéphane était quant à lui le voisin de chambre de la victime*. Selon lui, les allées et venues de monsieur Bureau semblaient des plus louches. »
« Selon Stéphane, le voisin de chambre de la victime, les allées et venues de monsieur Bureau semblaient des plus louches. »

Il arrive aussi qu'une phrase qui débute bien tombe rapidement à plat. Dans l'exemple suivant, « Giflant tout sur son passage, le vent siffle et pousse les nuages. », le lecteur s'imagine, par ce début fulgurant, que les conséquences de ce vent seront considérables. Malheureusement, il apprend que le vent « siffle et pousse les nuages ». Il se produit ici une véritable chute, une rupture d'« intensité ». La progression de la phrase ne répond pas aux attentes qu'elle avait elle-même générées. Voici comment on aurait pu réparer cette lacune : « Giflant tout sur son passage, le vent fige de terreur les passants égarés. »
Le rédacteur aura donc parfois intérêt à bonifier une phrase, à ajouter des précisions. Ainsi, le nom peut s'enrichir d'un adjectif, d'une apposition, d'un complément du nom ; le verbe peut être suivi ou précédé d'un adverbe, d'un complément circonstanciel.
« *Ce jardinier fait pousser des fleurs*. »

« L'excentrique jardinier de ce couple célèbre fait pousser, l'été venu, de magnifiques fleurs aux couleurs éclatantes. »

[Attention de ne pas tomber dans l'excès inverse !]

Exercice

Améliorez les phrases suivantes.

286. Les premières écrivaines du Canada français nous ont légué un héritage collectif. Elles ont prouvé avec courage et ténacité qu'il était possible de faire carrière dans le domaine littéraire.
287. Le cheminement littéraire d'un auteur ne naît pas d'un simple coup de baguette magique. Il est issu d'un long et lent processus de réflexion et de prise de conscience de la part de cet auteur.
288. Les textes de cet auteur ne reflètent pas bêtement les composantes de l'idéologie conservatrice. La famille, la terre, la religion et la langue française sont les quatre éléments de cette idéologie.
289. Le cinéaste avait un grave problème de pellicules. Il se rendit chez un spécialiste du cuir chevelu.
290. Le monstre ne perdit pas son temps, il enroula ses tentacules autour du navire et le navire se brisa.

FICHE 69

La mise en relief

Voici le schéma de la phrase canonique française :

sujet + verbe + compl. direct (ou attribut) + compl. indirect + c. circ.

Dès que vous changez un élément de place, vous le mettez en relief. Le déplacement des éléments dans la phrase (ou la permutation) s'effectue en fonction de l'effet que l'on cherche à produire chez le lecteur et de l'importance que l'on veut accorder à une information. Observez les nuances de sens générées par les trois phrases suivantes.
« Je visiterai le Musée des beaux-arts de Sherbrooke en juillet. » *[annonce de la visite]*
« En juillet, je visiterai le Musée des beaux-arts de Sherbrooke. » *[insistance sur le temps]*
« Le Musée des beaux-arts de Sherbrooke, je le visiterai en juillet. » *[insistance sur l'objet de la visite]*

Attention ! Le rédacteur veillera à ne pas toujours placer la même structure syntaxique en tête de phrase (par exemple, un participe présent ou un groupe adjectival).
Si le début d'une phrase représente un endroit stratégique pour mettre en valeur des informations, le rédacteur ne doit pas oublier que la fin de la phrase présente aussi un intérêt s'il veut faire languir le lecteur et produire ainsi une sorte de suspens...
« Ils ne sont pas faciles à vivre, tes parents ! »

• C'est... que (et ses variantes)

Une mise en relief introduite par « c'est... que » peut créer un effet percutant. Cependant, le rédacteur doit prendre conscience qu'il alourdit d'autant sa phrase. Il se gardera d'exploiter ce procédé à outrance. Il est beaucoup plus fréquent que le rédacteur ait à supprimer des « c'est... que » dans son texte (ce qui se fait aisément) qu'il ait à en ajouter.

« C'est ton chien qui m'a mordu ! »
« Ton chien m'a mordu ! »

• Quant à…

L'utilisation de la locution prépositive « quant à » sert à mettre en relief quelqu'un ou quelque chose. Elle est nécessairement employée avec un pronom de rappel.

Forme fautive : « Quant à moi, les policiers peuvent bien faire la grève ! »
Formes correctes : « Quant à moi, je crois que les policiers peuvent bien faire la grève ! »
OU
« Pour ma part, les policiers peuvent bien faire la grève ! »

Attention ! Voir les fiches 49 (virgule) et 59 (suppression des démonstratifs).

Exercice

Modifiez les phrases suivantes.

291. Ta collection de capsules de bouteilles de bière est plutôt inusitée. *[reportez le sujet en fin de phrase]*
292. Mon frère a brisé la lampe. *[faites une mise en relief avec c'est... que* (*et ses variantes*) *]*
293. Je transmettrai ton refus à la directrice. *[placez le refus en relief en début de phrase]*

Corrigez les phrases suivantes.

294. Existe-t-il des politiques de réhabilitation crédibles quant aux délinquants juvéniles ?
295. Quant à Juliette, Roméo possédait toutes les qualités requises pour faire un bon amant.

Cohérence et logique

Pour informer, convaincre ou charmer les lecteurs, le rédacteur ne dispose que de la somme des phrases (le texte) qu'il leur propose. Il ne peut pas s'infiltrer dans le cerveau de chacun de ses lecteurs afin de préciser sa pensée, de nuancer ses propos, de corriger des erreurs d'interprétation… Le rédacteur cherche donc à fournir toute (et seulement toute) l'information dont les lecteurs ont besoin pour « décoder » ses écrits.

Or de nombreux problèmes d'écriture peuvent altérer la compréhension simple et rapide des textes. Le sujet, dans certains cas, n'est tout simplement pas en mesure de faire l'action du verbe. Dans « Les sports gagnent beaucoup d'argent », par exemple, ce sont évidemment les athlètes, les sportifs et les propriétaires d'équipe qui en gagnent (pas tous d'ailleurs !). La vigilance permettra au rédacteur d'éviter ces incongruités logiques.

Un cas plus fréquent sans doute est celui de l'argumentation elliptique. Il peut arriver que, à la suite d'un moment de réflexion, le rédacteur saute une étape essentielle dans la description de l'action, dans le déroulement du récit ou dans l'élaboration de son argumentation. Le rédacteur reprend son texte à partir de sa réflexion plutôt que du dernier mot qu'il a écrit. Cela engendre des phrases boiteuses.

« *J'entre et me dirige vers la section des analgésiques, pour pouvoir soulager mon mal de tête.* »

« J'entre et me dirige vers la section des analgésiques, dans l'espoir de trouver un produit qui soulagera mon mal de tête. »

Dans le cas des textes narratifs, le rédacteur veillera aussi à présenter en quelques mots ses personnages à mesure qu'ils apparaissent dans son texte, mais il évitera les détails inutiles.

Lorsqu'il change de sujet dans une phrase, ce qui arrive peu souvent, le rédacteur doit l'indiquer clairement au lecteur.
« Après avoir sonné à la porte, *le chenapan* déguerpit à toutes jambes, *la lune* semble s'amuser de ce tour pendable *et le petit garçon* rit de bon cœur. »
« Après avoir sonné à la porte, le chenapan déguerpit à toutes jambes, en riant de bon cœur, et la lune semble s'amuser de ce tour pendable. »

Lorsqu'on introduit un fait, un événement dans un texte, on ne peut le laisser en suspens sans aller au bout de sa pensée. Le lecteur s'attend à connaître ce qui est advenu de cet événement que l'auteur avait jugé bon de lui présenter. Par exemple,
« Nous nous perdons en essayant de retrouver notre voiture accidentée, garée dans un stationnement de la ville, pour récupérer nos bagages. La compagnie d'assurances déclare la voiture une perte totale. Nous revenons finalement à Sherbrooke, en autobus. »
Deux questions, parmi d'autres, surgissent immédiatement. Se sont-ils rendus à la voiture ? Qu'est-il arrivé aux bagages ? Voici une façon, parmi d'autres, de remédier à la situation.
« Nous nous perdons en essayant de retrouver notre voiture accidentée, garée dans un stationnement de la ville. Après quelques tâtonnements, nous la découvrons et récupérons nos bagages. La compagnie d'assurances déclare la voiture une perte totale. Nous revenons finalement à Sherbrooke, en autobus. »

On veillera enfin à employer les conjonctions de coordination et de subordination dans leur véritable sens.

Prudent et consciencieux, le rédacteur fera toujours lire ses textes par quelqu'un d'autre. Cette personne sera à même de constater, ne serait-ce que par les questions naïves qu'elle pourrait soulever, les écueils logiques du texte.

Attention ! Voir les fiches 49 (virgule) et 71 (images douteuses).

Exercice

Rendez les phrases suivantes logiques et cohérentes.

296. Cette comédienne refuse de lever le voile sur sa vie privée. Elle croit qu'elle continuera à travailler, même si elle décline les propositions des journaux à potins.
297. Cette golfeuse ne s'est pas contentée de jouer pour la première fois sous la barre psychologique du 100, puisqu'elle a aussi réussi un trou d'un coup.
298. Nous sommes malheureusement trop captifs de la télévision par câble, dont vous détenez le monopole, pour annuler notre abonnement, mais nous y travaillons.
299. Afin de faire ressortir les commentaires disgracieux de cette critique, je l'ai récrite à la main.
300. Chaque participant devait présenter un numéro de danse : c'était un des critères d'évaluation.

FICHE 71

Des images douteuses

N'est pas poète qui veut ! Il ne suffit pas d'associer deux mots pour créer une image forte et cohérente. Sous prétexte de vouloir « faire du style », on ne peut pas écrire n'importe quoi ! Certaines phrases possèdent un potentiel imagier intéressant, mais qui n'est pas exploité à sa juste valeur. Le rédacteur avisé doit corriger les images imprécises et douteuses dans son texte.
« Pendant ce temps, le pauvre garçon *pleurait le geste* violent de son ami. »
[Peut-on vraiment « pleurer un geste » ?]
« Pendant ce temps, le pauvre garçon déplorait le geste violent de son ami. » OU
« Pendant ce temps, le pauvre garçon pleurait la mort de son ami. » *[Mais là, nous nous permettons un écart de sens important.]*

On rencontre parfois des images qui frôlent le ridicule comme « *une main humaine* » dans un contexte où aucune « main inhumaine » (ni celle d'un robot ni celle d'un animal) n'est envisageable. Le rédacteur doit peser et soupeser la portée de chaque image.

De même, le rédacteur ne réunira pas des mots qui, sémantiquement, s'opposent.
« Ce journaliste retranscrit telles quelles les *copies originales* provenant des grandes agences de presse. » *[De plus, le mot « copies » dans ce sens est un anglicisme.]*
« Ce journaliste retranscrit tels quels les articles originaux provenant des grandes agences de presse. »

Attention ! Voir les fiches 70 (cohérence et logique) et 73 (personnalisation).

Exercice

Améliorez les phrases suivantes.

301. L'homme n'a pas le temps de terminer sa phrase que sa tête balance dans son assiette. Quel culot ! Assassiner un pauvre bougre en plein restaurant !
302. L'attirail de la charmante conteuse sait compter avec l'imagination la plus débordante, une panoplie d'instruments de musique et des étoffes chatoyantes.
303. L'oxygène ne coule plus dans ma bouche.
304. Le suspect me cachait quelque chose et il savait qu'il ne pourrait pas me tromper bien longtemps encore. Il avait détecté mes yeux de lynx.
305. De retour d'Asie, je me donnais une semaine pour alléger le décalage horaire.

FICHE 72

L'écriture sensorielle

À moins que l'on rédige un écrit de type analytique ou scientifique dans lequel l'abstraction et la conceptualisation ont leur raison d'être, il est rare qu'un texte gagne en lisibilité lorsqu'il fourmille de termes abstraits. Souvent, ces mots témoignent d'une imprécision de la pensée, d'un manque d'emprise sur le réel. Si les gestionnaires les affectionnent et n'hésitent pas à les répandre dans leurs nombreux rapports, ces termes relèvent habituellement d'un jargon que seuls les initiés sont aptes à décoder. À moins d'être sûr de l'effet produit, le commun des rédacteurs cherchera à éviter les phrases inutilement compliquées ou carrément obscures dans lesquelles les sens sont laissés pour compte.

Dans les textes narratifs, le lecteur aime voir, entendre, goûter, sentir, toucher... Il déteste par surcroît se faire expliquer tout ce que pensent les personnages. Posez-vous la question suivante : seriez-vous capable de transposer sur un écran de cinéma l'équivalent de ce que votre phrase (paragraphe) exprime ? Un décor, une texture, une scène surgissent-ils dans votre esprit ? Si oui, ce passage textuel doit être suffisamment concret. Dans le cas contraire, tâchez donc de lui donner plus de chair…

« Pas une seule goutte d'eau *ne subsiste dans son contenu* de terre noire ! »

« Pas une seule goutte d'eau parmi toute cette terre noire ! »

Attention ! Voir la fiche 74 sur la vivacité.

Exercice

Tentez de rendre les phrases suivantes plus concrètes.

306. Si nous cherchons à comprendre les aspirations qui ont motivé une auteure à écrire, nous éprouvons un très grand nombre de difficultés à saisir les enjeux de son désir de communiquer ce sentiment.
307. Suis-moi, Dupont. Je te conduis à ta nouvelle demeure, parmi les araignées et les rats. Il te sera désormais interdit de sortir et tous tes contacts humains seront interrompus.
308. Mes poumons ne s'emplissent plus qu'au dixième de la capacité habituelle de ces contenants.
309. Le jeune enfant regrette que la neige n'ait pas le même goût que le sucre en poudre.
310. En fait, elle avait tout simplement ce qu'il fallait pour entretenir dans son entourage la notion de respect.

FICHE 73

De la personnalisation

Le rédacteur veillera à ne pas abuser de la personnification, cette figure de style qui donne à des objets les attitudes, les pensées, les sentiments ou le langage d'une personne (d'un être humain). Ce procédé devient rapidement un tic d'écriture pour qui n'y prête pas attention.
« Mon stylo, *bien décidé à s'enfuir*, *se laissa choir* sur le plancher puis *courut se réfugier* sous le pupitre de mon camarade de classe. »
« Mon stylo tomba sur le plancher, puis roula sous le pupitre de mon camarade de classe. »

De même, dans les travaux scolaires (dissertation, analyse littéraire, etc.), qui exigent pourtant une grande objectivité et une implacable rigueur intellectuelle, certains étudiants ont la fâcheuse habitude d'écrire « nos » héros, « nos » personnages, comme s'ils s'appropriaient en quelque sorte la paternité de ces êtres de papier...
« Et nous retrouvons *notre* héros aux prises avec un nouvel ennemi. »
« Et le héros affronte un nouvel ennemi. »

Si le type de texte le permet cependant, le rédacteur recourra aux pronoms personnels, aux déterminants possessifs, aux noms propres et aux noms communs qui désignent des personnes. Les bons journalistes ont constaté depuis longtemps l'efficacité de ces « ruses » pour capter l'intérêt du lecteur et enclencher le processus d'identification. L'utilisation de phrases impératives, exclamatives et interrogatives (lesquelles présupposent un agent actif) produit un effet semblable.

Attention ! Voir la fiche 71 sur les images douteuses.

Exercice

Personnalisez ou dépersonnalisez, selon le cas, les phrases suivantes.

311. Des pourparlers entrepris il y a quelques mois, interrompus brièvement puis repris récemment, ont abouti à la prise en charge de la gestion de l'Auberge X par l'Auberge Y.
312. La position du tracteur a nécessité l'intervention d'une remorque assez musclée pour ramener le véhicule sur la route. Tout cela a étiré de quelques heures les différentes opérations sur le site de l'accident.
313. Après le spectacle de nos quatre musiciens amateurs, commença le véritable concours.
314. Hier encore, un nouvel épisode de la saga municipale s'est écrit au cours d'une conférence de presse, dans la municipalité X, tenue afin de contester la recommandation récente du ministre des Affaires municipales de la fusionner avec les municipalités Y et Z.
315. Dans une période de temps que l'on situe entre 13 h, le samedi 8 novembre, et 14 h 30, le lendemain, deux camions d'une valeur de 130 000 $ ont disparu de la cour d'un concessionnaire de la région.

FICHE 74

De la vivacité

Le rédacteur a souvent tendance à vouloir tout expliquer en détail, à justifier chacune des pensées de ses personnages, chacun de leurs gestes. Les circonstancielles de but (« pour que... », « afin que... ») et de cause (« parce que... ») pullulent dans les textes et nuisent plus souvent qu'autrement au bon déroulement narratif. Le rédacteur aura intérêt à placer son personnage dans le feu de l'action et à faire un peu plus confiance à la sagacité de son lecteur.

« Ils arrivent devant la *maison* de Jérémie : ses parents sont partis. Jérémie a la *maison* à lui tout seul ! Il invite Marie à entrer dans la *maison*, *parce qu'il doit aller chercher la clé du cabanon*, avant d'y ranger sa bicyclette. Il soulève les casquettes et les manteaux *qui sont* accrochés *sur le gros crochet* à côté de la porte et prend la clé. »

Trois faiblesses importantes déparent cet extrait : la triple répétition du mot « maison », la justification superflue de la raison pour laquelle Jérémie entre chez lui (elle est explicite dans la phrase suivante) et quelques mots inutiles dans la dernière phrase. Remanié, le texte pourrait ressembler à ceci :

« Ils arrivent devant la maison de Jérémie : ses parents sont partis. Quelle chance ! Jérémie invite Marie à entrer. Il soulève les casquettes et les manteaux accrochés à côté de la porte et prend la clé du cabanon. Il doit y ranger sa bicyclette. »

Le contenu du texte n'est pas changé, mais l'écriture est plus resserrée, le style plus vif, plus intéressant.

Autre habitude fâcheuse, celle qui consiste à faire dire au narrateur tout ce qu'il pense, voit, sent, ressent, etc. Bref, le syndrome du narrateur égocentrique qui ramène tout à sa perception, qui se met continuellement en scène.

« Avant même que je puisse réagir, *j'ai vu apparaître* un long tuyau sale et malodorant au-dessus de ma tête. Puis, je me suis senti aspiré. *J'étais* pris au piège et j'allais me retrouver dans la cuve. »
« Tout à coup, *nous avons entendu* une autre explosion, plus lointaine cette fois. »

Après quelques retouches, les deux extraits précédents acquièrent une toute nouvelle vivacité.
« Avant même que je puisse réagir, un long tuyau sale et malodorant apparut au-dessus de ma tête. Je me suis senti aspiré. Pris au piège, j'allais me retrouver dans la cuve. »
« Tout à coup, une autre explosion se produisit, plus lointaine cette fois. »

Enfin, il ne faut pas hésiter à placer en position « sujet » l'élément qui est vraiment au cœur de l'action. La phrase n'en sera que plus percutante. De même, on ne doit pas tromper le lecteur en plaçant en début de phrase des éléments qui ne viennent que brouiller les pistes, que compliquer inutilement les choses. Comparez les deux phrases suivantes :

«*Pour Isola, Emma et Bibiane, leurs parents* s'opposent, sans le vouloir vraiment, à leurs amours. »
« Les parents d'Isola, d'Emma et de Bibiane s'opposent, sans le vouloir vraiment, aux amours de leurs filles. »

La première nous impose un détour superflu qu'on évite dans la seconde.

Encore une fois, les ciseaux sont de précieux outils pour le rédacteur, il devra supprimer toutes les précisions inutiles, les détails que le lecteur, grâce au contexte, a déjà décodés

Attention ! Voir la fiche 72 sur l'écriture sensorielle.

Exercice

Vivifiez les phrases suivantes.

316. Je vais aller directement sur le terrain, c'est-à-dire que je vais me rendre aux endroits que fréquentait la victime.
317. Nous avons fait des recherches et nous avons récupéré la plupart des documents.
318. Pour Judith et Danielle, leur problème respiratoire nécessite l'intervention d'un médecin.
319. Retourner consulter les microfiches de l'université semble, à Jacob, la seule idée intéressante qui lui vienne en tête. Pas du tout convaincu d'y trouver d'information pertinente, Jacob s'y rend tout de même presque à reculons.
320. La détective s'empressa de fouiller de fond en comble l'appartement de la victime afin de découvrir des indices qui pourraient la mener sur une piste intéressante.

FICHE 75

Les transitions

Les transitions dans un texte se produisent d'une phrase à l'autre, d'un paragraphe à l'autre, d'un chapitre à l'autre, d'une partie à l'autre. Elles sont nécessaires pour assurer l'enchaînement logique (rigoureux et uniforme) et inciter le lecteur à poursuivre sa lecture.
Le rédacteur peut préciser les rapports syntaxiques et sémantiques existant entre les phrases (par des conjonctions de coordination et de subordination, ou tout autre terme) ou les laisser dans l'ombre (en ayant recours à la juxtaposition). Dans le premier cas, il s'assure de la clarté de son message, mais il alourdit son texte ; dans le second cas, il développe une écriture souple et rapide, mais il court le risque que ses énoncés soient mal décodés. Il s'agit de trouver un juste équilibre entre ces deux façons de faire.
Le rédacteur privilégiera des transitions souples et agréables au détriment des transitions grossières et lourdes. Il évitera ainsi les « donc maintenant concluons ». Le texte sera d'autant plus aisé à lire que ses transitions seront réussies. Plutôt que d'écrire, en début de paragraphe, « *Parlons des maladies, car* il y en a plusieurs qui affectent le sang », on pourrait débuter par « Plusieurs maladies affectent le sang ». La délicatesse et la subtilité sont de mise pour charmer le lecteur. Le rédacteur évincera aussi les commentaires directement adressés au lecteur, du genre : « Et je vous souhaite une agréable lecture. »

Attention ! Voir la fiche 37 sur les expressions désordonnées.

Exercice

Raffinez les phrases de transition suivantes.

321. La liste des sujets qu'il serait intéressant de développer est beaucoup trop longue pour être présentée. Disons simplement que l'aspect journalistique de la carrière de cet auteur aurait des chances de susciter un intérêt et offrirait la possibilité d'élaborer longuement sur les valeurs qu'il défendait dans ses chroniques et dans ses romans.
322. J'ouvre aussitôt cette mystérieuse lettre et voilà ce que je lis : « Ta vie ne tient qu'à un fil, mon salaud ! »
323. Le chapitre suivant retrace l'évolution du droit de vote des femmes au Canada. Je vous invite donc à tourner la page.
324. Pour faire le lien avec ce qui précède, on peut dire que le cinéma américain contribue également à promouvoir la société de consommation de façon très grossière.
325. Quant à la façon dont j'ai divisé mon travail, il comporte trois parties distinctes : 1) un rappel historique, 2) la description de la situation actuelle et 3) les solutions envisagées pour résoudre le problème.

6. Feriez-vous un bon réviseur ?

Cette section contient des phrases illustrant les erreurs ou les maladresses dont il a été question dans les fiches précédentes. Nous les avons entremêlées afin de bien vous mettre à l'épreuve. Pour avoir un aperçu de vos compétences rédactionnelles, consultez le corrigé des exercices à la section suivante.

> « Ce qui rend le style mauvais se réduit souvent à une multitude accumulée d'imperfections minuscules, dont chacune, prise en détail, semble tout d'abord négligeable et indigne de retenir l'attention. »
>
> *Stylistique française*
> Émile Legrand

326. Cela devait surtout être à cause de son air hautain que tous le méprisaient.
327. En buvant abondamment, il n'améliore sûrement pas ses chances de redresser sa situation professionnelle, passablement chancelante actuellement.
328. Grand et maigre, son habit sombre évoquait une certaine austérité.
329. Le brouillard se répand sur le lac, dont émane une odeur fétide.
330. Lorsqu'en vacances, Lucien aime bien lire des romans policiers.
331. Quand j'ai appris la nouvelle, j'ai bouché !
332. En ce temps-là, à moins de connaître une courtisane, un simple ingénieur, à la merci des aléas de sa naissance, ne pouvait songer à rencontrer le roi.
333. Nous sommes les meilleurs, et c'est à cause de nos clients !
334. C'est alors que nous sommes décidés de grimper jusqu'au sommet, et ce, malgré les objections de notre guide.
335. J'ai besoin d'un nouvel adapteur pour cet appareil.
336. Tout près de ce temple millénaire, on y trouve un majestueux monument aux morts.
337. C'est un peu frette pour une soirée de juillet. Je crois que vous êtes de mon avis.
338. Retenons nos injures avant qu'il ne soit pas trop tard.
339. En plus des rabais exceptionnels que peuvent profiter nos abonnés, nous garantissons des spectacles étonnants.
340. Si vous avez déjà vu un film de James Bond, vous allez être déçu, car c'est du déjà vu.
341. La sentinelle ne bougeait pas d'un poil ; à vrai dire, je crois qu'il dormait.
342. En mangeant aussi gras, son taux de mauvais cholestérol ne va pas diminuer.
343. Pendant ce temps, l'homme aux dents gâtées et aux cheveux longs gris sirote toujours son whisky.
344. J'adore mon nouvel ordinateur, grâce auquel je peux utiliser avec brio la plus récente version de mon texteur.
345. Jamais, depuis de nombreuses années, j'ai ressenti une telle joie de vivre.
346. Soudain, deux hommes armés nous ordonnent de se coucher sur le sol.
347. Un gros dindon, acheté sans doute par ma mère s'amusait à laisser ses empreintes sur le tapis du salon.
348. Depuis quinze jours, ce policier en était à son cinquième suicide.
349. Quel est cet étrange animal, capitaine.
350. Il ne participera pas à la course ; il s'est cassé une jambe.

351. Je déteste les chansons simplistes et d'amour.
352. Premièrement, je ne connais rien aux étoiles ; d'autre part, je n'ai jamais manipulé de télescope ; et, enfin, la nuit, moi, je dors.
353. Je prie souvent pour que rien ne m'arrive pas.
354. Je sais que Michel roulait très vite, qu'un chien a soudain couru après lui et qu'il est tombé de vélo, mais faut-il vraiment qu'il me raconte son histoire pour la dixième fois ?
355. C'est le seul cas dont je me rappelle.
356. À cette époque, plusieurs émigrants arrivés à Québec, souffraient du scorbut.
357. Pour monter une équipe de ballon-balai respectable, vous aurez besoin de huit à neuf bons joueurs.
358. Son embonpoint est le produit de problèmes génétiques.
359. Si je ne me retenais pas, je !
360. Je vais commencer à penser à lire davantage.
361. Faisons la comparaison des difficultés d'adaptation.
362. Toutes les phrases se terminent par un signe de ponctuation fort
363. À la maison, il se charge de certaines tâches, comme le ménage et préparer les repas.
364. Grâce à sa barbichette surdouée, ce vieux druide faisait régner le bonheur autour de lui.
365. As-tu lu le livre ?
366. Chaque magazine vise un public différent et développe par conséquent des stratégies rédactionnelles susceptibles de leur plaire.
367. Pour attirer le regard du lecteur, il suffit de jouer avec les éléments graphiques et typographiques.
368. Elle a voué sa vie pour ses chers enfants, même si elle a été blessée plus souvent qu'à son tour par leurs propos désobligeants.
369. À l'arrivée du printemps, je me délecte de sirop d'érable, en plein cœur de l'été, je dévore les épis de maïs.
370. Je me demande quelle erreur peut contenir cette phrase ?
371. Il n'est pas très grand et costaud.
372. Dans le milieu de l'action, le vrai héros ne perd jamais la tête.
373. Ils étaient tous enchantés du spectacle qu'ils venaient d'assister.
374. Le problème de la surpopulation des cerfs ait tellement important dans la région que le gouvernement songe à modifier les règlements de la chasse.

375. Cet adolescent se brosse ses cheveux huit fois par jour.
376. Il possède une voiture pareille comme la mienne.
377. Comment cela coûte-t-il ?
378. Les témoignages spontanés de ses admirateurs sont son plus grand bonheur.
379. J'ajouterai ce match à ma cédule.
380. À tous les matins, il devait faire une promenade avec son chien, ce qu'il considérait la pire des corvées.
381. Bien caché derrière une pelote de laine, le chat de Thérèse guette et prépare un mauvais tour à la souris.
382. Vous avez mal enligné vos plants de tomates.
383. Bien qu'on concasse des pierres, il ne faut pas nous prendre pour des voyous.
384. Son steak ne se coupait pas bien, il était comme une véritable semelle.
385. Si je ne l'aurais pas vu de mes propres yeux, j'aurais de la difficulté à le croire.
386. Cet homme a des comportements peu ordinaires : il lace ses souliers avec des gants de boxe, manger de la cervelle de singe aux fines herbes et promenade sur les lacs à bord d'une baignoire.
387. Pour fin de corrobation de l'opinion généralement répandue dans le public sur les penchants politiques qui animent ce deux journaux, j'ai analysé les éditoriaux qu'ils ont publiés lors de la campagne référendaire.
388. Quel paysage magnifique.
389. Certains caricaturistes se définissent comme étant un don du ciel, tandis que d'autres se présentent comme des casse-pieds.
390. Au même moment, je vivais des moments difficiles.
391. Avez-vous remarqué que les boîtes de céréales – si vous en avez évidemment – sont devenues de véritables placards publicitaires pour les productions cinématographiques américaines ?
392. Voici les vieux jouets parmi qui tu peux choisir celui que tu veux.
393. Dans la belle région de Charlevoix, où l'aspect pittoresque des villages n'a d'égal que la beauté sauvage des paysages, Sophie, malgré le temps pluvieux, a profité de ses vacances.
394. Il est rembourreur, car il a hérité du matériel lors du décès de son père.

395. Même si le départ de la navette a été reporté, l'astronaute ne se décourage pas. Il explique que « dans quelques jours, je commencerai à me préparer de nouveau pour partir lors de la prochaine expédition. »
396. Ces personnes ne jousent pas bien au hockey.
397. Dans le repère des brigands, le vin coulait à flots.
398. Je connais une personne qui pense que le maire de sa municipalité, laquelle est située en Estrie, met plus souvent les pieds sur un terrain de golf que dans la salle du conseil.
399. Ça se peux-tu ?
400. Si nous ne parvenons pas à réduire la pauvreté, tous ces efforts auront servi à quoi ?
401. — J'espère que le travail saura te plaire. Côté enquête, c'est plutôt calme d'habitude, c'est pourquoi tu dois aussi faire de la patrouille. Mais rassure-toi, de temps à autre, une affaire intéressante nous tient occupés. Dans ce cas-là, on a grand besoin d'un gars d'expérience comme toi.

— J'espère que vous serez satisfait de mon travail. D'ailleurs j'ai hâte de m'y mettre.

— Pour ce qui est des affaires en cours, hier soir, on a reçu un appel de la police de Sherbrooke. On recherche une fillette de huit ans, disparue sans laisser de traces.
402. Après en avoir discuté avec l'agence Tombpadanmer, l'organisation d'un voyage en Espagne a commencé à prendre forme.
403. Ce groupe rock, dont sa popularité a chuté de façon drastique, s'est séparé la semaine dernière.
404. Il est urgent que les plus grands savants trouvent de nouvelles sources énergétiques peu polluantes.
405. Auteur aimé par les jeunes du monde entier, plusieurs de ses livres sont traduits en anglais, en chinois, en grec et en espagnol.
406. Je n'irai pas à cette fête. Quels que soient les arguments que vous avancerez.
407. Je raffole des pommes de terre, mais le maïs m'indiffère.
408. Je ne sais pas comment réagir devant cette tragédie qui nous attaque subitement.
409. On accuse les médias de se préoccuper uniquement des mauvaises nouvelles. Les accidents, les meurtres, les incendies, les difficultés du virage ambulatoire, les conflits de travail, les fermetures d'usines.
410. Cet enfant se déplace aussi lentement qu'une tortue.
411. Moi aussi, je ne suis pas capable de chanter du blues.

412. Je te promets qu'il n'a pas bu depuis hier.
413. Je déteste traverser les ponts, et ce, depuis ma plus tendre enfance.
414. Une personne affligée d'un handicap visuel total ne pourra jamais conduire de voiture.
415. L'avocate contacte son secrétaire pour l'aviser qu'elle ne pourra assister à la réunion de 14 h.
416. Dans son mémoire de maîtrise, l'étudiante désire s'attarder à la problématique du français dans la publicité.
417. Il ne sait pas encore qu'est-ce qu'il va dire à ses parents.
418. On dit de ce film qu'il suscite des réactions diverses et opposées et, bien que les musiques et la reconstitution d'époque disco à laquelle il donne lieu ne manquent pas d'intérêt, mon expérience avec ce film se solde par la perplexité la plus totale.
419. Pour complémenter ce dossier et répondre à des besoins de nature différente, nous avons ajouté deux autres analyses visant à déterminer quelle est la meilleure minifourgonnette d'occasion à moins de 15 000 $.
420. Personne ne désire ni ne croit que Paul viendra à la fête.
421. L'auteur de cette thèse met en évidence des lacunes évidentes dans le traitement de l'information internationale.
422. Les vagues déchaînées se fracassent sur l'immense rocher immobile qui se dresse au milieu du lac.
423. La première chose qu'elle a ressentie en se réveillant, c'est cette chaleur torride qui lui collait à la peau.
424. Étant le seul rejeton de leur couvée, j'eus droit à une éducation de catégorie A.
425. La pièce était bien éclairée et garnie de nombreuses plantes.
426. Dévorant les bandes dessinées comme pas un, mon neveu, achetant plusieurs albums chaque semaine, rêve de devenir riche et célèbre en concevant et en produisant ses propres histoires.
427. Mère de quatre enfants, les journées passent vite.
428. Depuis quelque temps, on connecte beaucoup mon fils et moi.
429. Ces personnes, rouges de colère, voulurent rentrer chez eux.
430. Mon fils, au niveau des études, va de succès en succès.
431. Ce ne sont pas des principes que je désire me battre pour ; ne comptez pas sur moi pour faire la grève.

432. À date, nous avons reçu dix-huit projets et il ne devrait pas s'en rajouter d'autres, signale le député, en ajoutant que la qualité des projets l'impressionnait beaucoup.
433. Sans les dossiers et sans documentation de ces produits toxiques sur la population, nous cachons les cobayes et enterrons l'évidence.
434. Je m'étais fait une idée de ne plus le revoir.
435. Les blessures profondes sur les mains de Karine indiquent la résistance de celle-ci à son agresseur.
436.

Récit narratif

Les détournements de fond que j'étais responsable atteignaient maintenant quelques milliers de dollars. Je me doutais bien que, tôt ou tard, mon employeur allait se douter de mon petit manège. Au moment où je me demandais comment tirer mon poignard du jeu, le propriétaire de l'entreprise me fit venir dans son bureau. En me rendant dans son bureau, mon pied gauche heurta la plante carnivore qui décore le corridor. Pourquoi fallait-il que je rencontre toujours tant de difficultés ? J'essuyai mes mains moites après mon jean, puis j'ouvris la porte de l'antre sacré du grand patron.

— Bonjour, Malfrat. Essayez-vous sur cette chaise.

Comme à toutes les fois où je recevais un ordre, j'obéis. Audacieux, je décidai cependant de prendre mon patron de vitesse et jouer le grand jeu.

— Patron, lui dis-je, quelqu'un détourne les fonds.

— Je sais, mon cher. Et vous êtes le premier sur la liste des soupçonnés.

J'étais cui. Je devais faire amande honorable et tenter de sauver mon emploi.

— Est-il possible qu'il advienne que vous, adorable patron, me pardonniez ces quelques peccadilles ?

— Bon, j'ai assez perdu de temps avec toi, beau-frère. Bien que nous sommes des personnages caricaturaux, toi et moi, on ne partage pas les mêmes valeurs éthiques. Je ne veux plus défrayer un sou pour un employé qui me vole. J'aimerais savoir pourtant comment tu as fait ton coup ?

— Même si peu intelligent à tes yeux, je suis parvenu à (Pour éviter de donner le mauvais exemple à nos lecteurs, il est préférable de censurer ces explications.)

— Tu es pas aussi con que tu en as l'air. Par respect pour ta sœur, et parce que je ne veux pas que tu es de casier juridique, je ne porterai pas plainte contre toi. Je souhaite cependant qu'elle sache ce qui est arrivé et qu'est-ce qui fait que tu ne seras plus jamais invité chez nous.

Tout penaud, mes mains se mirent à trembler. Je me levai, pris mes affaires et quittai le bureau à regret. Tant qu'à mon ex-patron, il récupéra à son profit, les argents que j'avais détournés.

7. Corrigé des exercices

« Il n'est de savoir-écrire que dans l'effort, disions-nous, mais dans l'effort soutenu, orienté, patient. »

Savoir bien écrire
Jean-Pierre Saïdah

1. Que répondriez-vous si l'on vous accusait du meurtre de votre xiphophore ? *[réponderiez = barbarisme grammatical]*
2. La langue française ne permet pas que l'on abrège un mot en lui enlevant seulement une lettre. *[abrévier = barbarisme lexical]*
3. Une main se posa avec brusquerie sur mon épaule. *[brusquesse = barbarisme lexical]*
4. Vite / Rapidement convaincue de l'importance de ce rapport, la ministre s'est engagée à le lire dans les prochains jours. *[vitement = barbarisme lexical]*
5. Vous vous contredisez lorsque vous affirmez que Justin est carriériste. *[contredites = barbarisme grammatical]*
6. Le coq était juché sur la clôture. *[juché = placé très haut, comme sur un perchoir ; jonché = parsemé de branchages, de feuillages, de fleurs]*
7. Son départ paraissait imminent. *[éminent = remarquable, très important ; imminent = qui est sur le point de se produire]*
8. Certains écologistes extrémistes affirment cyniquement que la terre est infestée d'êtres humains. *[infectée = contaminée ; infestée = envahie]*
9. Le peuple s'est senti opprimé par ce tyran. *[oppressé = causé par une gêne de la respiration ; opprimé = accablé par abus d'autorité]*
10. La morsure d'un serpent venimeux peut parfois se révéler fatale. *[vénéneux = qui contient une substance toxique, en parlant des végétaux, des substances minérales ; venimeux = qui contient du venin, en parlant d'un animal]*
11. Viens me rejoindre au centre commercial !
12. Depuis quand cet homme d'affaires siège-t-il à ce comité ?
13. Cet avocat malhonnête est à l'origine d'un mouvement de contestation sociale irréversible.
14. Vous trouverez ci-joint le prospectus présentant notre nouveau système de climatisation.
15. Il ne faut rien tenir pour acquis.
16. Ne t'en fais pas, nous avons tout prévu.
17. Cette personne a été forcée d'intervenir.
18. Les terrains de golf ne sont pas encore secs, car il a beaucoup plu ces derniers temps.
19. Tous les critiques reconnaissent la virtuosité de cette jeune actrice.
20. Il faut redécouvrir ce coin de pays.
21. Cette femme fit, avec une ferveur presque religieuse, ses exercices de yoga.

22. Tout bon rédacteur tentera d'éviter l'abus des subordonnées.
23. Tu trouveras la table de tes rêves dans une boutique qui vend des meubles en bambou.
24. Ce philosophe aborde des questions très complexes.
25. Pour développer sa culture lexicale ou, si vous préférez, pour enrichir son vocabulaire, cet étudiant a lu de nombreux ouvrages savants.
26. Il ne s'est jamais demandé pourquoi la Terre tourne autour du Soleil.
27. Par ce que tu affirmes, j'en déduis que tu n'es pas coupable.
28. Les pantoufles de vair sont particulièrement chaudes.
29. Que tu bayes aux corneilles n'eut pas l'heur de plaire au professeur.
30. Puisque nous ne sommes pas prêts pour notre exposé, j'aurais préféré que tu te présentes plus tôt ; nous aurions ainsi pu travailler davantage.
31. Ce que vous nous racontez depuis deux heures à propos de vos étranges voisins confirme nos soupçons.
    attester = rendre témoignage de quelque chose.
    confirmer = renforcer une affirmation ou une croyance par un fait ou par un témoignage.
    sanctionner = donner une approbation nécessaire pour qu'une chose soit admise.
32. Le mot « canapé » désigne un long siège à dossier et à accoudoirs où peuvent s'asseoir plusieurs personnes et où une seule peut s'étendre.
    divan = large sofa sans dossier qui peut servir de siège pour plusieurs personnes ou de lit.
    sofa = lit de repos à trois dossiers dont on se sert aussi comme siège (il possède une banquette beaucoup plus profonde que le canapé).
33. Celui qui sur mer attaque et pille les vaisseaux marchands avec l'autorisation de son gouvernement est un corsaire.
    flibustier = au XVIIe et au XVIIIe siècle, pirate de la mer des Antilles.
    requin = personne cupide, dure en affaires.
34. Une personne devenue faible par une insuffisance de sang en quantité et en qualité sera qualifiée d'anémique.
    asthénique = atteint d'affaiblissement fonctionnel.
    lymphatique = d'une faiblesse caractérisée par la blancheur et la mollesse des chairs et une certaine apathie.
35. Un objet qui ne laisse passer qu'une lumière diffuse est translucide.
    limpide = très clair et parfaitement transparent, se dit surtout des liquides ou du ciel.

transparent = qui laisse voir nettement les objets à travers son épaisseur.

36. Est-ce que l'on trouve ces mots dans le dictionnaire ?
37. Ce jeune chanteur populaire vient de lancer son plus récent disque.
38. Ce hockeyeur a tellement de talent qu'il a des chances d'être repêché par une équipe de la Ligue nationale.
39. J'ai apporté ma raquette de tennis, au cas où nous aurions le temps d'aller frapper quelques balles.
40. Tout va bien pour moi ces temps-ci. Je suis extrêmement heureux.
41. N'achetez pas de garantie prolongée, c'est de l'argent jeté par les fenêtres !
42. Je l'ai interrogé et lui ai tiré les vers du nez.
43. J'ai fait tous les efforts possibles et imaginables pour régler mon problème de poids, mais cela n'a rien donné.
44. La dame pleurait à chaudes larmes sans pouvoir s'arrêter.
45. Cet entraîneur n'y va pas de main morte pour motiver ses joueurs !
46. Lors du dernier match de la finale, les joueurs ont fourni un effort surhumain.
47. Je rêve de marcher sur le sable réconfortant d'une plage isolée lorsque le jaune aveuglant du soleil perce l'infini bleuté du ciel !
48. Je n'ai jamais compris pourquoi le fauve à crinière, qui fait trembler notre imaginaire, passe tout son temps à dormir.
49. Le corps de la victime, lacéré et tuméfié, baignait dans son propre sang.
50. Les négociations avec les membres du syndicat ont débloqué lorsque la partie patronale leur a consenti d'importantes augmentations de salaire.
51. J'ai reçu une gifle en plein visage. *[taloche = familier]*
52. Elle a alors entendu un air langoureux. *[ouïr = archaïque ; alangui = littéraire]*
53. Le jeune homme qui travaille à l'épicerie nous embête. *[faire chier qqn = vulgaire]*
54. Cette femme posa un geste qui la sauva. *[salvateur = littéraire]*
55. Chez eux, le réfrigérateur est toujours rempli de nourriture. *[boustifaille = populaire]*
56. L'ornithologue / ornithologiste donna, hier soir, une conférence des plus appréciées.
57. Les plats que nous prépare cette cuisinière se révèlent toujours exquis / délectables / savoureux.
58. Les muets communiquent avec autrui grâce au langage des signes.
59. Cette voiture accélère de façon fulgurante.

60. Cet entêté ne se laisse pas fléchir par nos arguments.
61. Ma voiture, après avoir franchi plus de trois mille kilomètres, rendra l'âme bientôt.
62. Je ne me laisserai pas attendrir par les pseudo-prophètes, ni par les charlatans des sectes religieuses.
63. Depuis l'assassinat de ses parents, cet enfant n'a pas prononcé un seul mot. Souhaitons qu'il retrouve l'usage de la parole avant qu'il ne soit trop tard.
64. Le premier ministre, soucieux de son image publique et préoccupé par les sondages qui pullulent sur son bureau, engagea un spécialiste des relations publiques.
65. Quand Ernest, après avoir saisi la gravité de la situation, paniqua, il tenta de rebrousser chemin.
66. J'effectuerai ma recherche en me basant sur la grille d'analyse de ce théoricien réputé.
67. Tôt ou tard, le soleil fera des ravages dans le camp de nudistes situé près de chez moi.
68. Comment est-ce possible que le détournement de fonds de cet organisme public ne fasse pas la une de tous les journaux du Québec ?
69. La passion avec laquelle cette femme me parle m'indispose. Je le lui dirai un jour.
OU
La passion avec laquelle cette femme me parle m'indispose. Je le lui dirai le jour où je serai moins gêné.
70. La rumeur du déménagement de l'usine a été démentie ce matin par la présidente de la compagnie Bla Bla.
71. Tu me l'as dit hier ? Je ne me le rappelle pas. *[transitif direct]*
OU
Tu me l'as dit hier ? Je ne m'en souviens pas. *[transitif indirect]*
72. Il faut pallier les problèmes les plus urgents.
73. Ces concepts théoriques sont peu accessibles aux profanes.
74. Il est parti ; tous s'y attendaient.
75. Cet artiste peindra les émotions que ce paysage lui inspire.
76. Cette soirée, pour laquelle je m'étais bien habillé, fut mémorable.
77. Le pont vers lequel nous nous dirigions s'est subitement écroulé.
78. Le trou dans lequel j'étais tombé faisait plus d'un mètre de profondeur.
79. Ce vendeur, à qui je ne fais pas confiance, ne me fera signer aucun papier.
80. Mon ourson en peluche, sans lequel je ne pourrais pas dormir, a le même âge que moi.

81. Nous ignorons encore les motifs de ce crime, par contre, nous savons que la victime connaissait son agresseur.
OU
On ignore encore les motifs de ce crime, par contre, on sait que la victime connaissait son agresseur.
82. Le Sauveur est apparu devant les croyants et les religieux ; ils se sont agenouillés sur-le-champ.
83. Éléonore et Grégoire cherchent constamment à se couper l'herbe sous le pied. Grégoire aurait bien voulu acheter l'armoire en chêne, exposée dans la vitrine du magasin d'antiquités, mais Éléonore a fait une offre avant lui.
84. La voiture de Julie émet un drôle de sifflement, et la conductrice s'inquiète de ce tapage inhabituel.
85. Alain s'est fait couper par un chauffard, qui n'avait même pas mis son clignotant.
86. La maison dont je te parle tombe déjà en ruine.
87. Retournez à la ville d'où vous venez.
88. De quoi ai-je l'air ?
89. Les problèmes auxquels font face les provinces sont énormes.
90. Tâchons de ne pas commettre l'erreur qui nous trahira.
91. Le directeur m'a parlé d'un nouveau procédé de fabrication autour duquel règne le plus grand mystère.
92. Je te le jure : j'ai vu un éléphant rose flotter dans les airs et qui me regardait avec un grand sourire.
93. Les pompiers entrèrent dans le brasier et en ressortirent avec la fille du maire, laquelle n'avait pas encore repris conscience.
94. Le chanteur salua les adolescentes hystériques, parmi lesquelles, il le savait, se cachait un travesti.
95. Ces prétendants, entre lesquels pourtant ton cœur balance, souffrent tous d'une étroitesse d'esprit remarquable.
96. Existe-t-il un âne dont on ne puisse apprécier la bêtise ?
97. La discothèque d'où je sors est tellement bruyante que ses usagers portent des bouchons dans les oreilles.
98. Ce voisin, dont je me méfie, me regarde toujours d'un air étrange.

99. Je te présenterai une jeune personne du dévouement de laquelle on ne peut se plaindre.
OU
Je te présenterai une jeune personne dont le dévouement ne peut faire l'objet de plainte.
100. J'ai acheté de nouveaux sous-vêtements dont j'aurai besoin cet hiver.
101. *[Syllepse de nombre]*
Il a fallu huit matchs à l'équipe canadienne pour remporter sa première victoire.
102. *[Syllepse de genre]*
Hélène vit alors quatre figures hideuses, fières de l'effet qu'elles produisaient.
OU
Hélène vit alors quatre visages hideux, fiers de l'effet qu'ils produisaient.
103. *[Syllepse de genre et de nombre]*
La troupe de théâtre arriva avec une heure de retard et elle n'avait aucune excuse valable.
OU
Les acteurs arrivèrent avec une heure de retard et ils n'avaient aucune excuse valable.
104. *[Syllepse de genre]*
La victime reposait sur le sol ; elle n'était pas belle à voir.
OU
Le corps reposait sur le sol ; il n'était pas beau à voir.
105. *[Syllepse de genre et de nombre]*
Il se plaignit dix fois à l'Association québécoise du cuir chevelu, mais celle-ci n'envoya même pas d'accusés de réception.
106. Dans le texte, on fait mention d'une aventure abracadabrante.
107. Il nous a dit de regarder où nous posions les pieds afin d'éviter les mauvaises surprises.
108. Les piqûres lui déchiraient la chair.
109. Ce film, dont j'ai fait la critique récemment, devrait remporter un oscar.
110. Voici la maison de campagne où il passait tous ses étés.
111. Rien n'est plus beau qu'un coucher de soleil en juillet.
112. N'en voulez pas à votre voisin s'il écrase votre chien.
113. Il n'y a qu'une façon de le savoir.
OU
Il y a seulement une façon de le savoir.
114. On n'aime guère les pseudo-prophètes.

115. Il ne mangea pas de poisson.
116. Je n'ouvrirai pas la bouche avant que mon avocat [ne] m'y autorise.
117. Je ne doute pas que vous soyez impliqué dans ce scandale politique.
118. Il a tout essayé pour convaincre ses supérieurs sans qu'on lui donne raison.
119. Je crains que cet homme [ne] soit dans de mauvais draps.
120. J'ai bien peur que cet octogénaire ne survive pas à cette délicate opération.
121. En frôlant sa main, je fus submergé de désir.
OU
Ma main frôlant la sienne, le désir me submergea.
122. Tout conducteur doit être sobre pour éviter les accidents.
OU
La sobriété au volant est capitale pour que les conducteurs évitent les accidents.
123. Arrivés au sommet de la montagne, nous fûmes subjugués par la beauté du paysage.
OU
Les membres de l'expédition arrivés au sommet de la montagne, la beauté du paysage les subjugua.
124. Préoccupés par les questions écologiques, ces jeunes ont mis sur pied un nouvel organisme qui veille à la sauvegarde de l'environnement.
125. Ma mère me passe son automobile pour que je puisse visiter le Québec cet été.
OU
Pour visiter le Québec cet été, j'ai emprunté la voiture de ma mère.
126. J'ai retrouvé la ville, bruyante et poussiéreuse.
127. Cet homme, très naïf, ne démontre aucun sens critique.
128. Sur la plage déserte, quelque peu assoupis, nous profitons des dernières chaleurs de septembre.
129. Attentif à son image publique, cet acteur / homme ne sort jamais sans s'être au préalable fait la barbe.
130. Les succès de cette chanteuse populaire internationale font l'envie de toutes les adolescentes.
OU
Chanteuse populaire internationale, elle suscite, par ses succès, l'envie de toutes les adolescentes.

131. C'est un dramaturge italien qui a remporté cette année le prix Nobel de littérature.
132. Les multiples exigences urbaines ne sont pas comparables au calme proverbial de la campagne.
133. Comment peut-il avoir autant d'admiration pour ces ridicules politiciens de la scène fédérale ?
134. Savoir qu'il existe des enfants battus me répugne.
135. Ce diplomate s'est bâti une solide réputation en prenant des décisions lourdes de conséquences.
136. Dès le lever du jour, l'enfant enfourchait sa bicyclette et faisait, malgré les efforts exigés, plusieurs kilomètres en vue d'améliorer sa résistance physique et dans l'espoir de remporter le grand prix cycliste de sa région.
137. Pour plaire à sa voisine, Paul a lu son plus récent roman et il se servira de ce prétexte pour l'aborder.
138. Au plus fort de l'été, sous un soleil radieux, un enfant, assoupi sous un arbre centenaire, rêvait près d'une rivière au chant mélodieux, un verre de limonade à moitié vide à ses côtés.
139. Il emprunta les patins à roues alignées de son beau-frère et fit une promenade de 26 kilomètres. Au terme de cette randonnée, il était exténué.
140. Après une dure journée de labeur, une dizaine de personnes prennent place autour du feu et entonnent, au son des vagues s'échouant sur la grève, des chansons à répondre, puis font rôtir des guimauves sur les braises, avant d'aller se réfugier dans les bras de Morphée.
141. Voilà pourquoi vous serez toujours très prudent et ne tiendrez rien pour acquis.
142. Je ne veux pas connaître vos raisons ni entendre vos jérémiades.
143. Les hommes, les femmes et les enfants ne perçoivent pas la réalité de la même façon.
144. Je n'avais jamais vu une toile surréaliste aussi émouvante.
145. Cette graphiste maîtrise son art à la perfection et a acquis une renommée internationale.
146. Malgré le nombre considérable de coureurs d'élite, Jacques s'inscrivit à la compétition et la remporta.
147. Ce travailleur autonome entre chez lui et en sort au moins cent fois par jour.
148. À cause de ces inondations ou grâce à elles, on ne sait plus, certaines municipalités du Québec ont entrepris de reconstruire leur réseau d'égouts.
149. Le fantôme surveille les étrangers et leur fait peur.

150. Ce groupe ne prône rien d'autre que la lutte contre les grands pollueurs et leur dénonciation à l'échelle planétaire.
151. Nous désirons vendre ce terrain, d'un acre sur trois, à un amoureux de la nature.
152. Christian, un spécialiste des appareils électroniques, s'est rendu chez Paul parce que le téléviseur de son ami était en panne.
OU
Christian, dont le téléviseur était en panne, s'est rendu chez Paul afin de regarder la Coupe du monde de soccer.
153. Ma nièce est suivie partout dans la maison par son chien, qui possède d'étranges oreilles.
154. Pierre a annoncé la triste nouvelle à son adolescent, et celui-ci a fondu en larmes. *[C'est l'adolescent qui pleure !]*
OU
Pierre a annoncé la triste nouvelle à son adolescent, puis l'homme dans la quarantaine a fondu en larmes. *[C'est Pierre qui pleure !]*
155. Ce commerçant a engagé sa mère comme vendeuse.
156. Dès qu'elle est prise au dépourvu, Nathalie devient rouge comme un homard.
OU
Prise au dépourvu, Nathalie devient rouge comme un homard.
157. Le Bonhomme Sept Heures, tel qu'il est décrit dans les livres, semble très dangereux.
OU
Le Bonhomme Sept Heures décrit dans les livres semble très dangereux.
158. Même s'il a été bouleversé par les événements, Yves sera présent à la réunion.
OU
Bouleversé par les événements, Yves sera tout de même présent à la réunion.
159. Comme nous l'avons mentionné antérieurement, nous ne sommes pas prêts à laisser tomber notre droit de grève.
160. Des procédures administratives moins lourdes et compliquées que celles qui ont été effectuées par le gouvernement devraient engendrer des réductions de coût substantielles.
161. Pour quelles raisons Marie-Annie envoie-t-elle librement une photographie d'elle sur Internet ?
162. Il est raisonnable de chercher à savoir pourquoi les politiciens ne tiennent généralement pas leurs promesses électorales.

163. Expliquez-moi de quelle façon on fixe des tuyaux de plastique.
164. J'ai essayé de savoir quand il désirait mettre la maison en vente.
165. Pourquoi faut-il que je demande toujours ce que je ne veux pas entendre ?
166. Il se plaint tantôt d'une otite, tantôt d'un mal de dos.
OU
Il se plaint d'abord d'une otite, puis d'un mal de dos.
167. Quel dilemme : d'un côté, la tarte est succulente, de l'autre, elle est hautement calorique !
168. Ou bien le réseau Internet fera de nous d'impénitents sédentaires, ou bien il nous incitera à voyager à travers le monde et à découvrir de nouvelles cultures.
169. Les uns prétendaient qu'un monstre hantait le lac, les autres n'accordaient aucun crédit à ces propos.
170. D'abord, vous me dites que vous m'aimez ; puis, vous m'insultez en public ; enfin, vous partez au bras d'un inconnu.
171. Si j'allais plus souvent au centre commercial, j'y dépenserais tout mon argent.
172. Comme je regardais mon banquier droit dans les yeux, je me demandais s'il croirait l'histoire que j'allais lui raconter. *[le subordonnant « si » introduit une complétive d'interrogation indirecte et non pas une circonstancielle de condition]*
173. Je n'apprécie guère qu'il aille ainsi se promener aux petites heures du matin.
174. Après que l'hiver eut entamé son cycle, mais avant que le verglas destructeur n'arrive, je profitais béatement de la température clémente.
175. Brigitte cogna à la porte, mais personne ne répondit. Aucun bruit n'émanait de l'appartement. Elle prit la clé que lui avait confiée sa copine et entra.
OU
Brigitte cogne à la porte, mais personne ne répond. Aucun bruit n'émane de l'appartement. Elle prend la clé que lui a confiée sa copine et entre.
176. Je suis resté toute la journée debout, à t'attendre au coin de la rue.
177. Je suis passé te voir chez toi, mais nous nous sommes manqués de peu.
178. Savais-tu que tu es aimé de tes parents ?
179. J'ai demeuré à l'angle des rues Abel et Caïn pendant 18 ans. *[être + demeurer = rester, continuer à être ; avoir + demeurer = habiter]*
180. Puisque je voulais faire un feu dans la cheminée, j'ai monté plusieurs bûches au rez-de-chaussée.

181. J'aime les hommes musclés, athlétiques et romantiques.
182. Le suspect sortit en trombe de sa voiture, commit son larcin et prit la fuite.
183. Il n'y a que trois options possibles : a) que tu réintègres le marché du travail, b) que l'on vende la maison, c) que l'on achète un billet de loterie gagnant.
OU
Il n'y a que trois options possibles : a) réintégrer à ton tour le marché du travail, b) vendre la maison, c) acheter un billet de loterie gagnant.
OU
Il n'y a que trois options possibles : a) ta réintégration dans le marché du travail, b) la vente de la maison, c) l'achat d'un billet de loterie gagnant.
184. Je ne ferai que trois remarques : d'abord, le concept de censure m'horripile ; puis les censeurs sont des êtres stupides ; enfin, un livre n'a jamais tué personne.
185. J'apprécie à l'automne les couleurs flamboyantes des montagnes, le souffle du vent frais sur le visage et les odeurs des feuilles desséchées.
186. Sherbrooke a remporté le titre de Ville industrielle de l'année, un honneur que le maire attribue à son travail « inlassable depuis trois ans ».
187. Elle te demande de la laisser tranquille.
188. Le professeur a affirmé qu'il ne se laisserait pas marcher sur les pieds.
189. Il a prétendu que, à partir du lendemain, il remettrait ses travaux à temps.
190. Ta mère cherche à savoir ce qui perturbe ton comportement.
191. Que voilà un hiver froid et meurtrier !
192. Un cheval ? je n'ai pas les moyens de m'en acheter un, pas plus qu'un chien d'ailleurs.
193. Après plusieurs mois de tergiversations, cet employé, dont le comportement semblait pourtant exemplaire, s'est pointé dans le bureau de son patron, une arme à la main, et lui a dit : « Moi, je mérite une augmentation de salaire substantielle, sinon je vous jure que... »
194. Pourquoi faut-il, depuis que je suis ici, que vous soyez toujours le premier à vous plaindre ?
195. Le directeur affirma : « L'employé n'a plus toute sa tête. »
OU
Le directeur, affirma l'employé, n'a plus toute sa tête.
196. C'est pourquoi j'ai dû occuper plusieurs emplois différents : avocat, dompteur de chiens, plombier, professeur de golf, etc.

197. Ainsi se présente la situation : je n'ai ni amis, ni parents, ni conjoint.
198. Cet homme, dont la capacité d'abstraction est phénoménale, se comporte envers autrui d'une façon aberrante ; mais, en dépit de cela, on le considère comme un spécialiste des relations humaines.
199. L'un des enfants — le plus jeune évidemment — tenait à aller voir un film humoristique ; l'autre, un film d'action (en compagnie d'au moins un parent [moi, sans doute] comme le stipule la loi).
200. Il abandonne la course à pied : son genou droit le fait trop souffrir.
201. Lorsqu'il a appris la terrible (redoutable / terrifiante) nouvelle, un sanglot lui a noué la gorge.
202. Ce meuble ancien (historique) constitue (représente / se révèle) une antiquité hors de prix.
203. Soudain, deux fantômes (spectres) surgissent devant moi.
204. Il prétend avoir été enlevé par des extraterrestres.
205. La foule ressentit alors une intense (vibrante) émotion.
206. Je rendrai bientôt visite à mon médecin.
207. Je ressens de nouveau cette douleur au bras droit.
208. Je sors à peine de ce lieu infect, et tu veux que j'y retourne ?
209. J'entreprendrai bientôt la rédaction d'un autre roman.
210. Hors de ma vue, fieffé menteur !
211. Rappelons que la principale revendication de la Fédération X visait, dès 1907, l'égalité juridique des hommes et des femmes.
212. Les soins palliatifs de Titanicville, dont l'excellente réputation dépasse les frontières, se situent à l'avant-garde du réseau hospitalier québécois, où la plupart des traitements sont encore confiés à des équipes volantes.
213. Les fiançailles ont lieu à la fin des récits, alors que l'homme aimé demande l'héroïne en mariage.
214. Depuis sa disparition, je m'ennuie de lui et de son caractère ombrageux.
215. Les critiques sont unanimes : cette auteure a connu une carrière littéraire et journalistique prolifique.
216. L'homme que j'ai croisé hier, et dont la femme travaille comme pigiste pour une nouvelle entreprise de publicité (un secteur, comme chacun sait, en pleine expansion), m'invite à souper chez lui, samedi prochain.
217. Le cousin par alliance du chanteur estrien le plus populaire demeure en face de chez moi.

218. Puisque mes confessions ne sont pour toi – mon amour, plus fermée qu'une huître – que des mensonges éhontés, je me vois dans l'obligation de partir. Je suis cependant profondément convaincu que tu m'aimes encore un peu et que, bientôt, tu me supplieras de revenir.
219. Aucune logique ne peut expliquer la peine d'une mère incapable de rejoindre le cœur de son enfant ni surtout la joie immense qu'elle ressent lorsqu'elle parvient, au terme de multiples stratagèmes, à le serrer contre elle et à lui donner tout l'amour dont il a besoin.
220. Cher fils, je ne vois pas, sous ton lit, la moindre trace de la bête qui hante tes cauchemars.
221. Ce loup-garou se moque des règles les plus élémentaires du savoir-vivre, de ces règles que nous avons pourtant mis des siècles à développer.
222. Je pense / crois qu'il n'y a pas de mal à se réunir / regrouper entre amis, peu importe l'endroit où l'on fête / célèbre ses retrouvailles.
223. Durant mon adolescence, je suis allé voir, avec mon meilleur copain, des films de toutes sortes : d'horreur, d'amour, d'action, de série B, d'auteurs, etc.
224. Quand j'étais jeune, je faisais de l'équitation ; je participais à de nombreux concours hippiques et j'ai même possédé mon propre cheval.
225. Les coquillages offerts librement sur la plage constituent, pour les touristes qui s'y promènent, une aubaine à ne pas rater.
226. Que des scientifiques remettent régulièrement en doute l'agencement des constellations me stupéfait.
227. Même si mes proches risquent d'en pâtir, j'ai envie de faire ce qui me plaît quand cela me plaît.
228. Sais-tu que, lorsque tu te moques de mon nez, tu me blesses amèrement ? *[Il s'agissait d'éviter la suite monosyllabique.]*
229. Si on longe la grève, en observant les petits qui sautent dans les vagues de la mer, on savourera, pendant quelques minutes, le bonheur à l'état pur.
230. En réalité, cela ne me fait absolument rien !
231. Mon voisin a détesté les haies toute sa vie.
232. De profil, son garçon ressemble à un acteur bien connu.
233. Peux-tu mes prêter tes dés ?
234. Des souris me poursuivent.

235. Serait-il déplacé d'exiger des campeurs qu'ils ramassent leurs déchets ? *[Aviez-vous remarqué la suite des trois « de » ?]*
236. Là où il se tenait, Pierre ne soupçonnait pas encore l'effet dévastateur de la pluie sur son érablière.
237. Cette exposition interpelle directement notre imaginaire.
238. Les policiers séviront sur-le-champ contre tous les contrevenants, qui devront par la suite affronter la machine administrative pour faire valoir leurs droits.
239. Ivres, certaines personnes roulent parfois sous la table.
240. Dans les rituels des sociétés dites primitives, les participants devaient chanter et danser frénétiquement afin d'entrer en transe.
241. « J'ai peur et je ne veux plus redescendre », disait un matou, perché sur un poteau de téléphone.
242. J'ignore qui a créé le monde, et ce mystère me préoccupe depuis de nombreuses années.
243. Je vous répondrai que la perte de mon chien me rend inconsolable.
244. Puisqu'une accusation de conflit d'intérêts nous pend au bout du nez, nous devons absolument réagir et prendre les mesures nécessaires.
245. Personne parmi le public ne savait que la chanteuse avait un grave problème de santé. Un médecin se leva et lui vint en aide.
246. Tous les économistes sérieux le disent : les emprunteurs ont intérêt à rembourser leurs dettes le plus rapidement possible.
247. Pourquoi devez-vous absolument participer à ce congrès ?
248. De toute évidence, certaines célébrités n'aiment pas leur corps.
249. Cette entreprise est vraiment privilégiée de pouvoir compter sur une personne aussi dévouée que vous.
250. Combien pensent que cacher la vérité s'avère parfois nécessaire ?
251. Ce pseudo-journaliste a tenu des propos irrévérencieux à l'égard des fonctionnaires.
252. Je déteste les personnes dénuées d'esprit d'initiative.
253. Il dévorait tous les livres qui lui tombaient sous la main.
254. Après un démenti catégorique des faits, le suspect appela son avocat.
255. J'ignore les raisons de son départ pour Paris.
256. Il a trébuché contre cette branche et s'est foulé la cheville.

257. Grâce à l'insertion de petites boules de cire dans ses oreilles, cet artiste avait le sentiment de retrouver la quiétude prénatale.
258. Ce vieil homme se promenait toujours les épaules légèrement courbées vers l'avant.
259. Exténuée par tant d'efforts, Juliette s'est effondrée au fil d'arrivée.
260. L'exercice physique décuple mon énergie.
261. Pourrais-je acheter un cheval à un prix raisonnable ?
262. Je n'ai jamais vu d'alligator porter des boucles d'oreilles en or.
263. Nous avons été réprimandés à cause de nos revendications.
264. Louis, un passionné de hockey, n'a pourtant jamais chaussé de patins.
265. Bien qu'il ait coûté une petite fortune, cet ordinateur ne me rend que de piètres services.
266. Le journaliste estime les performances de cet athlète supérieures aux attentes de son entraîneur.
267. Le suspect se promènerait encore en ville ? j'en doute.
268. Je souhaite, tout autant que vous, la libération rapide des otages.
269. Je déplore l'influence des gourous sur les personnes vulnérables.
270. Selon une source fiable, le président de la compagnie entretiendrait des liens étroits avec certains groupes criminalisés.
271. Votre éditeur ayant fait faillite, vos livres ne sont plus disponibles en librairie.
272. Malgré sa gentillesse envers ses camarades, cet enfant joue souvent seul.
273. Nos efforts constants nous ont permis de remporter le championnat provincial.
274. Ce politicien, qui accumule les gaffes, a perdu la confiance de son entourage.
275. Cet enfant vous a craché au visage : quelle impolitesse / quel manque de savoir-vivre !
276. Ce chanteur populaire a reçu (s'est attiré / a recueilli) des applaudissements nourris.
277. Certains romanciers appréhendent la censure de leurs œuvres.
278. Cette personne a été le jouet du destin.
279. La victime est sortie défigurée de ce sérieux accident.
280. Des accusations de plagiat ont visé ce romancier.
281. La jeunesse d'aujourd'hui est-elle nettement plus dégourdie que celle d'hier ?
282. Choisis un emploi en fonction de tes passions.
283. Le marsupilami n'est pas un animal domestique comme les autres.
284. L'éléphant a été apeuré par la souris.
285. Ma voisine a été une vedette du petit écran !

286. Les premières écrivaines du Canada français ont prouvé, grâce à leur courage et à leur ténacité, qu'il était possible pour les femmes d'œuvrer dans le domaine littéraire.
287. Le cheminement littéraire d'un auteur suit un long et lent processus de réflexion et de prise de conscience.
288. Les textes de cet auteur ne reflètent pas bêtement les composantes de l'idéologie conservatrice. La famille, la terre, la religion et la langue française occupent peu d'espace dans ses écrits.
289. Le cinéaste, qui avait un grave problème de pellicules, se rendit chez un spécialiste du cuir chevelu.
290. Le monstre ne perdit pas son temps, il enroula ses tentacules autour du navire et le fit voler en éclats.
291. Elle est plutôt inusitée, ta collection de capsules de bouteilles de bière.
292. C'est mon frère qui a brisé la lampe.
293. Ton refus, je le transmettrai à la directrice.
294. Existe-t-il des politiques de réhabilitation crédibles en ce qui a trait aux délinquants juvéniles ?
295. Quant à Juliette, elle considérait que Roméo possédait toutes les qualités requises pour faire un bon amant.
OU
Selon Juliette, Roméo possédait toutes les qualités requises pour faire un bon amant.
296. Cette comédienne refuse de lever le voile sur sa vie privée. Elle affirme avoir décliné toutes les propositions d'entrevue que lui ont faites les journaux à potins et ne croit pas que cette décision l'empêchera d'obtenir quelque rôle que ce soit.
297. En plus de jouer pour la première fois sous la barre psychologique du 100, cette golfeuse a réussi, dans la même partie, un trou d'un coup.
OU
Cette golfeuse ne s'est pas contentée de jouer pour la première fois sous la barre psychologique du 100, elle a aussi réussi un trou d'un coup.
298. Nous sommes malheureusement trop captifs de la télévision par câble, dont vous détenez le monopole, pour annuler dès à présent notre abonnement. Nous envisageons cependant de modifier peu à peu nos habitudes télévisuelles, ce qui nous permettra peut-être, dans un avenir rapproché, de ne plus avoir besoin de vos services.

OU

Nous sommes malheureusement trop captifs de la télévision par câble, dont vous détenez le monopole, pour annuler dès à présent notre abonnement ; mais nous projetons d'acheter, lorsque nous en aurons les moyens, une antenne parabolique.

299. Afin de faire ressortir les commentaires disgracieux de cette critique, je les ai surlignés en jaune. *[Il fallait absolument clarifier le rapport entre le but et la principale.]*

300. Chaque participant devait présenter un numéro de danse : c'était une des exigences du concours.

301. L'homme n'a pas le temps de terminer sa phrase que sa tête tombe dans son assiette. Quel culot ! Assassiner un pauvre bougre en plein restaurant !

302. La charmante conteuse mise sur des ressources variées : une imagination débordante, une panoplie d'instruments de musique et des étoffes chatoyantes.

303. L'oxygène n'entre plus dans mes poumons.

OU

Je ne peux plus respirer. J'étouffe.

304. Le suspect me cachait quelque chose et il savait qu'il ne pourrait pas me tromper bien longtemps encore. Il avait vu dans mon regard que je ne croyais pas un traître mot de son histoire.

305. De retour d'Asie, je me donnais une semaine pour atténuer les effets du décalage horaire.

306. Si nous pouvons comprendre ce qui motive une auteure à écrire, nous pouvons plus difficilement cerner les raisons qui la poussent à rendre ses écrits (et donc ses sentiments) publics.

307. Suis-moi, Dupont. Je te conduis à ta nouvelle demeure, parmi les araignées et les rats. Il te sera désormais interdit de sortir. Tu ne verras plus personne, mon vieux.

308. Mes poumons meurent à petit feu. Ils s'assèchent et se racornissent. Ils sont passés de la taille d'un pamplemousse à celle d'une mandarine. Je cours constamment après mon souffle.

309. Le bambin lève le menton, sort la langue et capte quelques flocons. Il ferme les yeux et avale le nectar glacé tombé du ciel. Zut, ça ne goûte pas le sucre en poudre...

310. Grâce à sa détermination, à son intelligence et à sa générosité, elle gagnait le respect des gens qu'elle côtoyait.

311. Après de difficiles pourparlers, les propriétaires en sont venus à une entente : la gestion de l'Auberge X sera assurée par l'Auberge Y.
312. À cause de la position du tracteur, les secouristes ont attendu l'arrivée d'une dépanneuse assez puissante pour retirer le véhicule du fossé. Cette opération délicate a perturbé, pendant quelques heures, la circulation sur la voie rapide, et les automobilistes ont dû faire preuve de patience. *[Nous en avons profité pour corriger aussi les erreurs de vocabulaire dans la phrase !]*
313. Après le spectacle des quatre musiciens amateurs, commença le véritable concours.
314. La saga de la fusion municipale entre X, Y et Z se poursuit. Hier, les contestaires se sont mobilisés et ont fait valoir leur point de vue lors d'une conférence de presse, tenue dans la ville de X. Ils s'opposent à la récente recommandation du ministre des Affaires municipales de fusionner leur municipalité avec celles de Y et de Z.
315. Des voleurs audacieux se sont emparés de deux camions d'une valeur de 130 000 $, chez un concessionnaire de la région. Le vol aurait été commis entre 13 h, le samedi 8 novembre, et 14 h 30, le lendemain.
316. J'inspecterai les endroits que fréquentait la victime.
317. Après quelques recherches, nous avons récupéré la plupart des documents.
318. Les problèmes respiratoires de Judith et de Danielle nécessitent l'intervention d'un médecin.
319. Retourner consulter les microfiches de l'université semble, à Jacob, la seule avenue intéressante, même s'il n'est pas convaincu d'y trouver d'information pertinente.
320. La détective s'empressa de fouiller de fond en comble l'appartement de la victime.
321. D'autres recherches nous permettraient d'approfondir nos connaissances sur cet auteur. Comme il a rédigé de nombreuses chroniques dans les journaux, nous pourrions, par exemple, examiner ce corpus, en faire ressortir les principales valeurs et les comparer avec celles que l'on relève dans ses romans.
322. Je décachette aussitôt cette mystérieuse lettre et prends connaissance de la menace : « Ta vie ne tient qu'à un fil, mon salaud ! »
323. Il est temps maintenant de retracer l'évolution du droit de vote des femmes au Canada.
324. Le cinéma américain, de son côté, contribue également à promouvoir la société de consommation de façon très grossière.

325. Nous développerons notre sujet en trois temps : après un rappel historique de la situation, nous situerons le problème dans son cadre actuel, puis nous présenterons les solutions envisagées pour le résoudre.
326. À cause de son air hautain, tous le méprisaient. *[fiches 53, poids des mots, et 59, démonstratifs]*
327. En buvant à ce rythme, il détériore ses chances de redresser sa situation professionnelle, très chancelante en ce moment. *[fiches 56, cacophonie, et 61, adverbes]*
328. Grand et maigre, il portait un habit sombre dénotant une certaine austérité. *[fiches 11, sèmes inexacts, et 29, apposition]*
329. Le brouillard se répand sur le lac, d'où émane une odeur fétide. *[fiche 23, dont]*
330. Lorsqu'il est en vacances, Lucien aime bien lire des romans policiers. *[fiche 35, fausses propositions]*
331. Quand j'ai appris la nouvelle, je suis demeurée bouche bée ! *[fiches 14, niveaux de langue (populaire), et 71, images douteuses]*
332. En ce temps-là, à moins de connaître une courtisane, un simple ingénieur, en raison de sa naissance, ne pouvait espérer rencontrer le roi. *[fiche 58, suppression des prépositions]*
333. Nous sommes les meilleurs, et c'est grâce à nos clients ! *[fiche 11, sèmes inexacts]*
334. Nous avons alors décidé de grimper jusqu'au sommet, malgré les objections de notre guide. *[fiches 39, auxiliaire, 59, démonstratifs, et 69, mise en relief]*
335. J'ai besoin d'un nouvel adaptateur pour cet appareil. *[fiche 4, barbarismes (lexicaux)]*
336. Tout près de ce temple millénaire se dresse un imposant monument aux morts. *[fiches 25, surdétermination, 51, termes incolores, et 56, cacophonie]*
337. C'est un peu frais pour une soirée de juillet. Ne croyez-vous pas ? *[fiches 14, niveaux de langue (populaire), et 67, monotonie phrastique]*
338. Retenons nos injures avant qu'il [ne] soit trop tard. *[fiche 27, « ne » explétif]*
339. En plus des rabais exceptionnels dont peuvent profiter nos abonnés, nous garantissons des spectacles étonnants. *[fiches 21, pronoms relatifs, et 23, dont]*
340. Si vous avez déjà vu un film de James Bond, vous allez être déçu, car celui-ci ressasse les mêmes recettes. *[fiches 55, répétitions, et 68, phrases creuses]*
341. La sentinelle demeurait immobile ; à vrai dire, je crois qu'elle dormait. *[fiches 14, niveaux de langue (familier), et 24, syllepse (genre)]*

342. En mangeant aussi gras, Arthur ne va pas diminuer son taux de mauvais cholestérol. *[fiche 28, anacoluthe]*

343. Pendant ce temps, l'homme aux dents gâtées et aux longs cheveux gris sirote toujours son whisky. *[fiche 30, place des adjectifs]*

344. J'adore mon nouvel ordinateur, grâce auquel je peux utiliser avec brio la plus récente version de mon traitement de texte. *[fiche 8, néologismes]*

345. Jamais, depuis de nombreuses années, je n'ai ressenti une telle joie de vivre. *[fiche 26, négation]*

346. Soudain, deux hommes armés nous ordonnent de nous coucher sur le sol. *[fiche 20, pronoms et leur référent]*

347. Un gros dindon, acheté sans doute par ma mère, s'amusait à laisser ses empreintes sur le tapis du salon. *[fiche 49, virgule]*

348. Ce policier enquêtait sur un cinquième suicide à survenir depuis quinze jours. *[fiche 34, équivoques]*

349. Quel est cet étrange animal, capitaine ? *[fiche 44, point d'interrogation]*

350. Il ne participera pas à la course : il s'est cassé une jambe. *[fiche 48, deux-points]*

351. Je déteste les chansons d'amour simplistes. *[fiche 32, coordination]*

352. Premièrement, je ne connais rien aux étoiles ; deuxièmement, je n'ai jamais manipulé de télescope ; et, troisièmement, la nuit, moi, je dors.
OU
D'abord, je ne connais rien aux étoiles ; ensuite, je n'ai jamais manipulé de télescope ; et, enfin, la nuit, moi, je dors. *[fiche 37, expressions désordonnées]*

353. Je prie souvent pour que rien ne m'arrive. *[fiche 26, négation]*

354. Michel roulait très vite. Un chien a soudain couru après lui, et Michel est tombé de vélo. Doit-il pour autant me raconter son histoire pour la dixième fois ? *[fiche 64, complétives]*

355. C'est le seul cas que je me rappelle.
OU
C'est le seul cas dont je me souviens. *[fiches 21, pronoms relatifs]*

356. À cette époque, plusieurs immigrants arrivés à Québec souffraient du scorbut. *[fiches 5, paronymes impropres, et 49, virgule]*

357. Pour monter une équipe de ballon-balai respectable, vous aurez besoin de huit ou neuf bons joueurs. *[fiche 18, prépositions]*

358. Son embonpoint résulte de problèmes génétiques. *[fiche 51, termes incolores]*
359. Si je ne me retenais pas, je... *[fiche 46, points de suspension]*
360. Je projette de lire davantage. *[fiche 52, surenchère verbale]*
361. Comparons ces difficultés d'adaptation. *[fiche 56, cacophonie]*
362. Toutes les phrases se terminent par un signe de ponctuation fort. *[fiche 43, point]*
363. À la maison, il se charge de certaines tâches, comme le ménage et la cuisine. *[fiche 40, énumérations]*
364. Grâce à sa barbichette magique, ce vieux druide faisait régner le bonheur autour de lui. *[fiche 71, images douteuses]*
365. As-tu lu le livre que je t'avais prêté ? *[fiche 17, article défini]*
366. Chaque magazine vise un public différent et développe par conséquent des stratégies rédactionnelles susceptibles de lui plaire. *[fiche 24, syllepse (de nombre)]*
367. Pour attirer le regard du lecteur, vous pouvez jouer avec les éléments graphiques et typographiques.
OU
Pour attirer le regard du lecteur, jouez avec les éléments graphiques et typographiques. *[fiche 28, anacoluthe]*
368. Elle a voué sa vie à ses chers enfants, même si elle a subi plus souvent qu'à son tour leurs propos désobligeants. *[fiches 18, prépositions, et 66, tournure passive]*
369. À l'arrivée du printemps, je me délecte de sirop d'érable ; en plein cœur de l'été, je dévore des épis de maïs. *[fiches 17, article défini, et 47, point-virgule]*
370. Je me demande quelle erreur peut contenir cette phrase. *[fiche 36, confusion interrogative]*
371. Il n'est pas très grand ni costaud.
OU
Il n'est ni très grand ni costaud. *[fiche 32, coordination]*
372. Dans le feu de l'action, le vrai héros ne perd jamais la tête. *[fiche 12, expressions « défigées »]*
373. Ils étaient tous enchantés du spectacle auquel ils venaient d'assister. *[fiche 21, pronoms relatifs]*

374. Le problème de la surpopulation des cerfs est tellement important dans la région que le gouvernement songe à modifier les règlements de la chasse. *[fiches 9, homophonie, et 39, mauvais auxiliaire]*

375. Cet adolescent se brosse les cheveux huit fois par jour.
OU
Cet adolescent brosse ses cheveux huit fois par jour. *[fiche 25, surdétermination]*

376. Il possède une voiture comme la mienne.
OU
Il possède une voiture pareille à la mienne. *[fiche 7, pléonasmes]*

377. Combien cela coûte-t-il ? *[fiche 11, sèmes inexacts]*

378. Les témoignages spontanés de ses admirateurs constituent sa plus grande satisfaction. *[fiches 51, termes incolores, et 56, cacophonie]*

379. J'ajouterai ce match à mon horaire. *[fiche 6, anglicismes]*

380. Tous les matins, il devait faire une promenade avec son chien, ce qu'il considérait comme la pire des corvées. *[fiche 18, prépositions]*

381. Bien caché derrière une pelote de laine, le chat de Thérèse guette la souris et lui prépare un mauvais tour. *[fiche 33, zeugme]*

382. Vous avez mal aligné vos plants de tomates. *[fiche 4, barbarismes (lexicaux)]*

383. Bien que nous concassions des pierres, il ne faut pas nous prendre pour des voyous. *[fiches 20, pronoms et leur référent, et 56, cacophonie]*

384. Son steak, une véritable semelle, sentait les orteils racornis. *[fiche 68, phrases creuses]* *[mais là nous nous sommes permis un élan créateur important]*

385. Si je ne l'avais pas vu de mes propres yeux, j'aurais de la difficulté à le croire. *[fiche 38, correspondance des temps]*

386. Cet homme a des comportements peu ordinaires : il lace ses souliers avec des gants de boxe, mange de la cervelle de singe aux fines herbes et se promène sur les lacs à bord d'une baignoire. *[fiche 40, énumérations]*

387. Afin de vérifier les politiques éditoriales de ces deux journaux, que le public considère comme étant diamétralement opposées, j'ai analysé les éditoriaux qu'ils ont publiés lors de la campagne référendaire. *[fiche 72, écriture sensorielle]*

388. Quel paysage magnifique ! *[fiche 45, point d'exclamation]*

389. Certains caricaturistes croient qu'ils font, en quelque sorte, la « promotion » de leurs victimes, tandis que d'autres se considèrent vraiment comme des casse-pieds. *[fiches 70, cohérence et logique, et 71, images douteuses]*
390. Au même moment, je vivais des jours sombres. *[fiche 55, répétitions]*
391. Avez-vous remarqué que les boîtes de céréales (si vous en avez évidemment) sont devenues de véritables placards publicitaires pour les productions cinématographiques américaines ? *[fiche 50, doubles signes]*
392. Voici les vieux jouets parmi lesquels tu peux choisir celui que tu veux. *[fiche 22, lequel]*
393. Malgré le temps pluvieux, Sophie a profité de ses vacances dans la belle région de Charlevoix, où l'aspect pittoresque des villages n'a d'égal que la beauté sauvage des paysages. *[fiche 31, place des compléments]*
394. Il est devenu rembourreur quand il a hérité du matériel de son père. *[fiches 7, pléonasmes, 17, article défini, et 70, cohérence et logique]*
395. Même si le départ de la navette a été reporté, l'astronaute ne se décourage pas. Il explique qu'il commencera à se « préparer de nouveau dans quelques jours pour partir lors de la prochaine expédition ». *[fiche 41, citations]*
396. Ces personnes ne jouent pas bien au hockey. *[fiche 4, barbarismes (grammaticaux)]*
397. Dans le repaire des brigands, le vin coulait à flots. *[fiche 9, homophonie]*
398. Un de mes amis pense que le maire de sa municipalité, située en Estrie, met plus souvent les pieds sur un terrain de golf que dans la salle du conseil. *[fiches 54, phrases à tiroirs, et 63, relatives]*
399. Est-ce possible ? *[fiche 14, niveaux de langue (familier)]*
400. Si nous ne parvenons pas à réduire la pauvreté, à quoi auront servi tous ces efforts ? *[fiche 19, prépositions postposées]*
401. — J'espère que le travail saura te plaire. Côté enquête, c'est plutôt calme d'habitude. Attends-toi à faire beaucoup de patrouille. Mais rassure-toi, de temps à autre, une affaire intéressante nous tient occupés.

— C'est parfait, j'aurai ainsi l'occasion d'apprivoiser la ville.

— Ah oui ! hier soir, on a reçu un appel de la police de Sherbrooke. On recherche une fillette de huit ans, disparue sans laisser de traces. *[fiches 55, répétitions, 67, monotonie phrastique, 74, vivacité, et 75, transitions]*

402. Après en avoir discuté avec l'agence Tombpadanmer, j'ai entrepris d'organiser un voyage en Espagne. *[fiche 28, anacoluthe]*

403. Ce groupe rock, dont la popularité a chuté de façon draconienne, s'est séparé la semaine dernière. *[fiches 6, anglicismes, et 23, dont]*

404. Les plus grands savants doivent de toute urgence concevoir de nouvelles sources énergétiques peu polluantes. *[fiches 51, termes incolores, et 60, tournures impersonnelles]*

405. Plusieurs livres de cet auteur, aimé par les jeunes du monde entier, sont traduits en anglais, en chinois, en grec et en espagnol. *[fiche 29, apposition]*

406. Je n'irai pas à cette fête, quels que soient les arguments que vous avancerez. *[fiche 16, phrases incomplètes]*

407. Je raffole des pommes de terre, cependant le maïs m'indiffère. *[fiche 57, incongruité visuelle]*

408. Je ne sais pas comment réagir devant cette tragédie qui nous frappe subitement. *[fiche 11, sèmes inexacts]*

409. Qui n'a pas déjà accusé les médias de se préoccuper uniquement des mauvaises nouvelles : les accidents, les meurtres, les incendies, les difficultés du virage ambulatoire, les conflits de travail, les fermetures d'usines ? *[fiches 16, phrases incomplètes, et 73, personnalisation]*

410. Cet enfant se déplace si lentement qu'il donne l'impression de traîner deux énormes boulets à ses pieds. *[fiche 13, clichés]*

411. Moi non plus, je ne suis pas capable de chanter du blues. *[fiche 11, sèmes inexacts]*

412. Je te garantis / affirme / certifie qu'il n'a pas bu depuis hier. *[fiches 10, synonymie, et 11, sèmes inexacts]*

413. Je déteste traverser les ponts, et cette phobie me hante depuis ma plus tendre enfance. *[fiche 59, démonstratifs]*

414. Un aveugle ne pourra jamais conduire de voiture. *[fiche 15, circonlocutions]*

415. L'avocate avise son secrétaire qu'elle ne pourra pas assister à la réunion de 14 h. *[fiches 26, négation, 51, termes incolores, et 74, vivacité]*

416. Dans son mémoire de maîtrise, l'étudiante désire examiner en profondeur la problématique du français dans la publicité. *[fiche 11, sèmes inexacts]*

417. Il ne sait pas encore ce qu'il va dire à ses parents. *[fiche 36, confusion interrogative]*

418. Ce film, qui suscite diverses réactions, me laisse très perplexe, malgré l'intérêt de sa trame musicale et sa reconstitution fidèle de l'univers disco des années 70. *[fiches 29, apposition, 53, poids des mots, 63, relatives, 65, circonstancielles, et 71, images douteuses]*
419. Pour compléter ce dossier et répondre à des besoins de nature différente, nous avons ajouté deux analyses visant à déterminer quelle est la meilleure minifourgonnette d'occasion à moins de 15 000 $. *[fiches 4, barbarismes (lexicaux), et 7, pléonasmes]*
420. Personne ne désire voir Paul à la fête et ne croit d'ailleurs qu'il y viendra. *[fiches 32, coordination, et 33, zeugme]*
421. L'auteur de cette thèse relève des lacunes évidentes dans le traitement de l'information internationale. *[fiche 55, répétitions]*
422. Les vagues déchaînées se fracassent sur l'immense rocher dressé au milieu du lac. *[fiches 53, poids des mots, et 63, relatives]*
423. À son réveil, la chaleur torride lui collait à la peau. *[fiches 53, poids des mots, 59, démonstratifs, et 74, vivacité]*
424. Étant leur seul enfant, j'eus droit à une éducation de premier plan. *[fiches 14, niveaux de langue, et 71, images douteuses] [rejeton = familier, couvée = famille nombreuse + oiseau, catégorie A = populaire + viande]*
425. La pièce, bien éclairée, regorgeait de plantes. *[fiche 51, termes incolores]*
426. Amateur inconditionnel de bandes dessinées, mon neveu, qui achète plusieurs albums chaque semaine, rêve de devenir riche et célèbre grâce à la conception et à la production de ses propres histoires. *[fiches 56, cacophonie, et 62, participes présents]*
427. Mère de quatre enfants, Céline trouve que ses journées passent vite. *[fiche 29, apposition]*
428. Depuis quelque temps, nous entretenons de bonnes relations, mon fils et moi. *[fiches 6, anglicismes, 20, pronoms et leur référent, et 49, virgule]*
429. Ces personnes, rouges de colère, voulurent rentrer chez elles. *[fiche 24, syllepse (de genre)]*
430. Mon fils, en ce qui a trait à ses études, va de succès en succès. *[fiche 11, sèmes inexacts]*
431. Ce ne sont pas des principes pour lesquels je désire me battre ; ne comptez pas sur moi pour faire la grève. *[fiches 19, prépositions postposées, et 21, pronoms relatifs]*
432. « Jusqu'à présent, nous avons reçu dix-huit projets et il ne devrait pas s'en ajouter d'autres », signale le député, en précisant que la qualité des documents soumis l'impressionne

beaucoup. *[fiches 6, anglicismes, 11, sèmes inexacts, 38, correspondance des temps, 50, doubles signes, et 55, répétitions]*

433. Sans une analyse étoffée des effets des produits toxiques sur la population, nous jouons à l'autruche et nous nous cachons les véritables enjeux de la pollution. *[fiches 70, cohérence et logique, et 71, images douteuses]*

434. Je m'étais fait à l'idée de ne plus le revoir. *[fiche 12, expressions « défigées »]*

435. Les blessures profondes sur les mains de Karine indiquent qu'elle a résisté à son agresseur. *[fiches 53, poids des mots, et 59, démonstratifs]*

436. De la grande famille des requins *[fiche 3 a), titre]*

Les détournements de fonds *[fiche 9, homophonie]* dont *[fiche 21, pronoms relatifs]* j'étais responsable atteignaient maintenant quelques milliers de dollars. Je me doutais bien que, tôt ou tard, mon employeur découvrirait *[fiches 52, surenchère verbale, et 55, répétitions]* mon petit manège. Au moment où je me demandais comment tirer mon épingle *[fiche 12, expressions « défigées »]* du jeu, le propriétaire de l'entreprise me convoqua *[fiches 51 et 52, termes incolores et surenchère verbale]* dans son bureau. En m'y *[fiches 55, répétitions, et 56, cacophonie]* rendant, je *[fiche 28, anacoluthe]* me cognai le pied gauche contre la plante carnivore qui ornait *[fiches 6, cacophonie, et 38, correspondance des temps]* le corridor. Pourquoi fallait-il que j'éprouve *[fiche 6, anglicismes]* toujours tant de difficultés ? J'essuyai mes mains moites sur *[fiche 18, prépositions]* mon jean, puis j'ouvris la porte de l'antre sacré du grand patron.

— Bonjour, Malfrat. Assoyez-vous *[fiche 5, paronymes impropres]* sur cette chaise.

Comme toutes les fois *[fiche 18, prépositions]* que *[fiche 12, expressions « défigées »]* je recevais un ordre, j'obéis. Audacieux, je décidai cependant de prendre mon patron de vitesse et de *[fiche 18, prépositions]* jouer le grand jeu.

— Patron, lui dis-je, quelqu'un détourne les fonds.

— Je sais, mon cher. Et vous êtes le premier sur la liste des suspects *[fiche 4, barbarismes (lexicaux)]*.

J'étais cuit *[fiche 4, barbarismes (grammaticaux)]*. Je devais faire amende *[fiche 9, homophonie]* honorable et tenter de sauver mon emploi.

— Pourriez-vous *[fiches 53, poids des mots, et 60, tournures impersonnelles]*, adorable patron, me pardonner ces quelques peccadilles ?

— Bon, j'ai assez perdu de temps avec toi, beau-frère. Bien que nous soyons *[fiche 38, correspondance des temps]* des personnages caricaturaux, toi et moi, nous *[fiche 20, pronoms et leur référent]* ne partageons pas les mêmes valeurs éthiques. Je ne veux plus débourser *[fiche 11, sèmes inexacts]* un sou pour un employé qui me vole. J'aimerais savoir pourtant comment tu as fait ton coup. *[fiche 36, confusion interrogative]*
— Même si je parais peu intelligent à tes yeux *[fiche 35, fausses propositions]*, je suis parvenu à... *[fiche 46, points de suspension]* (Pour éviter de donner le mauvais exemple aux *[fiche 73, personnalisation]* lecteurs, nous *[fiche 28, anacoluthe]* préférons censurer ces explications.)
— Tu n'es pas *[fiche 26, négation]* aussi idiot *[fiche 14, niveaux de langue (populaire)]* que tu en as l'air. Par respect pour ta sœur, et parce que je ne veux pas que tu aies *[fiches 9, homophonie, et 39, mauvais auxiliaire]* de casier judiciaire *[fiche 11, sèmes inexacts]*, je ne porterai pas plainte contre toi. Je souhaite cependant qu'elle sache ce qui est arrivé et pourquoi *[fiches 32, coordination, et 36, confusion interrogative]* tu ne seras plus jamais invité chez nous.
Tout penaud, je *[fiche 29, apposition]* ne pouvais empêcher mes mains de trembler. Je me levai, pris mes affaires et quittai le bureau à regret. Quant à *[fiche 5, paronymes impropres]* mon ex-patron, il récupéra, *[fiche 49, virgule]* à son profit, les sommes *[fiche 14, niveaux de langue (archaïque)]* que j'avais détournées.

CONCLUSION

Il est très difficile, voire impossible, d'apprendre à écrire seul. On a besoin d'un regard extérieur, de l'œil vigilant d'un spécialiste (qu'il soit professeur, réviseur ou éditeur...) et de beaucoup de papier. À force d'écrire et de récrire, et à la condition de se poser les bonnes questions, on peut parvenir à extirper d'un texte les maladresses stylistiques les plus criantes et, qui sait, à découvrir sa propre voix. Si tout le monde ne souhaite pas devenir écrivain, chacun aimerait cependant savoir écrire correctement.

Un bon indicateur de votre cheminement en écriture réside dans votre capacité à percevoir les erreurs dans les textes d'autrui. Si en plus vous pouvez les nommer et suggérer des reformulations adéquates, vous aurez alors progressé de façon prodigieuse. Il ne vous restera plus qu'à cultiver l'art du détachement et à lire vos propres écrits comme s'il s'agissait de textes étrangers (à cet égard, les faire dormir quelque temps dans un tiroir se révèle une excellente stratégie). Gardez en tête qu'on n'écrit pas avec son sang mais avec de l'encre (virtuelle)! Bref, il ne faut pas prendre rendez-vous avec son psychanalyste chaque fois que l'on a rédigé une phrase boiteuse !

Une méthode d'autocorrection efficace consiste à porter attention à un seul problème stylistique à la fois. Une lecture portera uniquement sur la cohérence et la logique, une autre sur les répétitions lexicales, une troisième sur les lourdeurs énonciatives et ainsi de suite. Tout cela en respectant, comme il se doit, les délais qui vous sont impartis.

Pour gagner du temps, le rédacteur devra connaître et apprivoiser son processus d'écriture. Quand est-il le plus efficace ? Pendant combien d'heures (de minutes) peut-il rédiger sans s'arrêter ? A-t-il besoin d'un plan strict et rigoureux ou préfère-t-il suivre le fil de sa pensée ? Aime-t-il noircir beaucoup de papier ou peser et soupeser chacune de ses phrases ? Il n'existe pas de recette universelle. Trouvez celle qui correspond le mieux à votre tempérament...

Nous n'insisterons jamais assez sur l'importance de faire lire ses textes avant de les remettre à leurs véritables destinataires. Il est rare que les commentaires portant sur la clarté et la logique d'un texte soient totalement dépourvus de sens. Même un non-spécialiste peut se révéler de bon conseil. L'humilité, la réceptivité et le bon jugement représentent les trois meilleurs atouts du rédacteur.

La fréquentation régulière d'écrivains francophones ou étrangers (s'ils sont bien traduits) aura des répercussions positives sur votre écriture. Nous vous suggérons de lire beaucoup et de varier vos lectures. Vous enrichirez ainsi votre vocabulaire, vous verrez des structures syntaxiques auxquelles vous n'auriez jamais pensé et vous aiguiserez votre sens de la narration.

Un texte bien écrit ne met jamais en avant-plan sa structure ni ses procédés stylistiques. Tout est une question de dosage, d'équilibre, d'harmonie. C'est lorsque l'attention du lecteur porte sur les tics d'écriture que le rédacteur a perdu son pari. Il est alors trop tard. Le texte fuit de toutes parts, et le charme est rompu. Lorsque les règles et principes contenus dans cet abrégé vous seront devenus familiers, vous pourrez les enfreindre en toute connaissance de cause. Il sera alors temps de jouir de la moisson nouvelle !

ANNEXE
Rappels terminologiques

• Conjonctions de coordination

Il s'agit d'un mot invariable qui sert à réunir des mots, groupes de mots ou phrases de même fonction et, généralement, de même nature.

Mais, ou, et, donc, car, ni, or.

Les adverbes de liaison (aussi, enfin, ensuite, par conséquent, puis, etc.) jouent le même rôle que les conjonctions de coordination.

• Conjonctions (ou locutions conjonctives) de subordination

Il s'agit d'un mot (la conjonction) ou de plusieurs mots (la locution conjonctive) invariables qui servent à réunir deux phrases dont l'une dépend de l'autre (une proposition principale et une proposition subordonnée).

À moins que, afin que, après que, autant que, avant que, bien que, comme, de peur que, de telle sorte que, étant donné que, jusqu'à ce que, lorsque, parce que, puisque, que, quoique, si, tellement... que, etc.

• Coordination, juxtaposition et subordination

La coordination consiste à réunir des phrases à l'aide de conjonctions de coordination. « Je ne savais que penser et je ne savais que faire. »

La juxtaposition consiste à réunir des phrases mais sans l'aide de mots de liaison. La juxtaposition est signalée seulement par la ponctuation. « Je ne savais que penser, je ne savais que faire. »

La subordination consiste à unir une proposition subordonnée à une proposition principale. De façon très simplifiée, retenons que les pronoms relatifs servent à introduire des subordonnées relatives ; la conjonction de subordination « que » (de même que les locutions « à ce que » et « de ce que »), des subordonnées complétives et les autres conjonctions de subordination, des subordonnées circonstancielles.

• Prépositions et locutions prépositives

La préposition (ou la locution prépositive) unit deux termes dont l'un est complément de l'autre.

À, à cause de, afin de, après, chez, contre, de, depuis, en dépit de, grâce à, parmi, pour, sans, etc.

• Pronoms relatifs

Les pronoms relatifs servent à unir deux propositions (la relative et la principale), mais, contrairement aux conjonctions de subordination, ils jouent également un rôle syntaxique dans la phrase subordonnée (sujet, complément direct ou indirect, etc.). La plupart du temps, ils ont un antécédent (le mot qu'ils remplacent) dans la phrase.

Dont, lequel (et ses variantes), que, qui, quiconque (sans antécédent), quoi, où.

• Verbes transitifs et intransitifs

Les verbes transitifs, sauf en emploi absolu, sont obligatoirement suivis d'un complément direct (sans préposition) ou indirect (introduit par une préposition). On trouve ce complément en posant l'une des questions suivantes : qui, quoi, de qui, de quoi, pour qui, etc. « Hier, j'ai rencontré un ami d'enfance. » « Je téléphone à ma mère. »
Les verbes intransitifs ne sont pas suivis de complément direct ou indirect. « Il chute. »

Bibliographie sélective

ALBALAT, Antoine. *L'art d'écrire enseigné en vingt leçons*, Coll. « L'Ancien et le Nouveau », Paris, Armand Colin Éditeur, (1re édition : 1899) 1992, 314 p.

BEAUCHESNE, Jacques. *Dictionnaire des cooccurrences*, Montréal, Guérin, 2001, 402 p.

BEAUDET, Céline, en collaboration avec Isabelle CLERC. *Stratégies d'argumentation et impact social : le cas des textes utilitaires*, Coll. « Rédiger », Québec, Éditions Nota bene, 2005, 155 p.

BÉNAC Henri. *Dictionnaire des synonymes*, Paris, Hachette, 1986, 1026 p.

BERTRAND, Guy. *400 Capsules linguistiques*, Montréal, Lanctôt éditeur et Radio-Canada, 1999, 195 p.

BERTRAND, Guy. *400 Capsules linguistiques II*, Montréal, Lanctôt éditeur et Radio-Canada, 2006, 269 p.

BESSON, Robert. *Guide pratique de rédaction*, Paris, Éditions André Casteila, 1984, 158 p.

BLANCHARD, Sylvie et al. *[Vocabulaire]*, Coll. « Les guides, Le Robert & Nathan », [Paris], Éditions Nathan, 2001, 254 p.

BOCHART-FIÈVEZ, Jeannine et Jean DELAHAUT. *Richesse du vocabulaire. Classement par thèmes, avec exercices et corrigés*, Paris – Louvain-la-Neuve, Duculot, 1990, 271 p.

CAJOLET-LAGANIÈRE, Hélène et Pierre COLLINGE, en collaboration avec Catherine MELILLO. *La maîtrise du français écrit*, Sherbrooke, Éditions Laganière, 1997, 358 p.

CAJOLET-LAGANIÈRE, Hélène, Pierre Collinge et Gérard Laganière. *Rédaction technique, administrative et scientifique*, Sherbrooke, Éditions Laganière, 3e édition entièrement revue et augmentée, 1997, 468 p.

CAPUT, Jean-Pol. *Guide d'expression écrite*, coll. « Éducation », Paris, Hachette, 1991, 255 p.

COLIGNON, Jean-Pierre. *Un point, c'est tout ! La ponctuation efficace*, [Montréal], Boréal, 1993, 119 p.

DESALMAND, Paul. *Je teste et j'enrichis mon vocabulaire*, Coll. « Marabout service », Alleur, Marabout, 1991, 416 p.

DOPPAGNE, Albert. *La bonne ponctuation. Clarté, précision, efficacité de vos phrases*, Paris-Gembloux, Éditions Duculot, 1984, 112 p.

FOREST Constance et Denise BOUDREAU. *Dictionnaire des anglicismes Le Colpron*, Laval, Beauchemin, 1999, 381 p.

FOREST, Jean. *Anatomie du parler québécois*, Montréal, Triptyque, (1re édition 1996) 1999, 232 p.

FOREST, Jean. *Les anglicismes de la vie quotidienne des Québécois*, Montréal, Triptyque, 2006, 186 p.

GERGELY, Thomas. *Information et persuasion. Écrire*, coll. « Culture et communication », Bruxelles, De Boeck Université, 1992, 233 p.

LAURIN, Jacques. *Le bon mot. Déjouer les pièges du français*, [Montréal], Éditions de l'Homme, 2001, 239 p.

LEBLANC, Benoît. *Gérer son vocabulaire. Comment résoudre les principales difficultés lexicologiques du français*, Trois-Rivières, Les Éditions SMG, 1997, 187 p.

LEGRAND, Émile. *Stylistique française*, Paris, Gigord, 2e édition, 1924, 327 p.

MARQUIS, André et Hélène Guy. *L'atelier d'écriture en questions. Du désir d'écrire à l'élaboration du récit*, Coll. « NB poche », Québec, Éditions Nota bene, 2007, 206 p.

RENOUVO. *Le millepatte sur un nénufar. Vadémécum de l'orthographe recommandée*, Montréal, De Champlain S.F. inc., 2005, 38 p.

SAIDAH, Jean-Pierre. *Savoir bien écrire*, coll. « Savoir communiquer », Paris, Retz-C.E.P.L., 1976, 255 p.

SIMARD, Jean-Paul. *Guide du savoir-écrire*, nouvelle édition revue et corrigée, [Montréal], Éditions de l'Homme, (1re édition : 1998) 2005, 534 p.

TANGUAY, Bernard. *L'art de ponctuer*, troisième édition, Montréal, Québec Amérique, 2006, 246 p.

THÉORET, Michel et André MAREUIL. *Grammaire du français actuel*, Montréal, CEC, 1991, 557 p.

Table des matières

5. Comment améliorer un texte?

PROTÉGEONS NOS FORÊTS

Tous les livres des Éditions Triptyque sont désormais imprimés sur du papier 100 % recyclé postconsommation (exempt de fibres issues des forêts anciennes) et traité sans chlore.

L'impression de *Le style en friche* a permis de sauvegarder l'équivalent de 19 arbres de 15 à 20 centimètres de diamètre et de 20 mètres de haut. Ces bienfaits écologiques sont fondés sur les recherches effectuées par l'Environmental Defense Fund et d'autres membres du Paper Task Force.

MARQUIS
Marquis imprimeur inc.
Québec, Canada
2011